二语习得下

高校英语教学新探索

魏涛 著

图书在版编目（CIP）数据

二语习得下高校英语教学新探索/魏涛著.--长春：吉林出版集团股份有限公司,2023.4
ISBN 978-7-5731-3233-8

Ⅰ.①二… Ⅱ.①魏… Ⅲ.①英语—教学研究—高等学校 Ⅳ.① H319.3

中国国家版本馆 CIP 数据核字 (2023) 第 067053 号

ERYU XIDE XIA GAOXIAO YINGYU JIAOXUE XIN TANSUO
二语习得下高校英语教学新探索

著：魏　涛
责任编辑：沈丽娟
技术编辑：王会莲
封面设计：乐　乐
开　　本：787mm×1092mm　1/16
字　　数：185 千字
印　　张：10
版　　次：2023 年 4 月第 1 版
印　　次：2023 年 4 月第 1 次印刷

出　　版：吉林出版集团股份有限公司
发　　行：吉林出版集团外语教育有限公司
地　　址：长春市福祉大路 5788 号龙腾国际大厦 B 座 7 层
电　　话：总编办：0431-81629929
印　　刷：三河市金兆印刷装订有限公司

ISBN 978-7-5731-3233-8　　定　价：60.00 元
版权所有　侵权必究　　举报电话：0431-81629929

前 言

进入新时代以来，高校英语教学已经发展到更为多元化的阶段，展现出了勃发的生机。二语习得理论下的英语课堂教学也在这样的背景下获得了快速发展。实际上，为了让高校英语改革取得良好的效果，保证高校英语人才培养的质量，规范高校英语课堂教学与管理，高校管理者与英语教师应从二语习得理论出发，积极开展教学模式创新，以新思路与新方法来建设高校的英语教育教学与管理工作，这样才能让高校英语教学工作得到更精准、更高效的贯彻，让二语习得理论的英语教育、教学价值得到最大程度上发挥。

首先，二语习得下的高校英语教学应以大学生为主体来加以开展，英语教师应从理论高度统摄教学，从语法学习、语言能力等的提升来具体落实。即英语教师不仅要听、说、读、写、译这些环节进行语言基础的夯实，也要从这些环节开展融合性探索，力求发展出富有活力的教学模式。比如，教师可从任务、功能与形式等层面开展二语习得理论下的教学探索，让大学生获得更佳的学习效果。

其次，二语习得下的高校英语教学应着重创建富有特色的教学情境，同时采取分层教学的方式更好地进行学习定位。教师应引导大学生以教学工具为支撑创设教学情境，以便提升教学语言环境的真实性，构建更高效的互动性教学模式，让大学生的英语学习潜能得到充分展示。

最后，二语习得下的高校英语教学还应从跨文化理念出发加以拓展，从而更好地实现既定教学目标。高校英语教学应突破既有的条条框框，力求培育出大学生的英语综合应用能力。英语教师在应秉持融会贯通的教学原则，通过多元化的教学形式来拓展大学生的跨文化意识与二语习得能力，最终形成良好的跨文化交流能力。

总之，二语习得下的高校英语教学是在动态赢得发展的，也是在持续的变革中不断得到完善的。教师应将大学生的教学主体作用发挥出来，让他们在不断习得英语语言知识、英语交流能力的同时，进一步将其促进高校英语教学变革的重要作用发挥出来。

本书共五章：第一章从二语习得的定义、二语习得环境论等方面阐述二语习得下高校英语教学的基本概念和理论基础；第二章从实施模式等角度对二语习得下高校英语项目教学法展开论述；第三章从可行性、创新性等出发对二语习得下高校英语翻转课堂教学展开深入论述；第四章从改革构想、对策措施等角度深入论述二语习得下高校英语分层教学问题；第五章从需求等角度出发对二语习得下高校英语综合课程开发展开研究。

本书在撰写过程中借鉴了许多前辈的研究成果，笔者在此表示衷心的感谢。由于笔者水平有限，加之撰写时间仓促，书中难免存在一些不妥和疏漏的地方，恳请广大读者批评指正。

目 录

第一章 二语习得下高校英语教学的基本概念和理论基础 1
    第一节 二语习得下高校英语教学的基本概念 1
    第二节 二语习得下高校英语教学的基本理论 15

第二章 二语习得下高校英语项目教学法新探索 26
    第一节 项目教学法在高校英语实践教学应用的必要性 26
    第二节 二语习得下高校英语项目教学法的应用实例 34
    第三节 二语习得下高校英语项目教学法实施优化建议 43

第三章 二语习得下高校英语翻转课堂教学新探索 55
    第一节 翻转课堂的相关概念界定 55
    第二节 翻转课堂应用于高校英语教学的可行性分析 64
    第三节 二语习得下高校英语翻转课堂教学模式创新性构建 70
    第四节 二语习得下高校英语翻转课堂教学的创新性实践 76

第四章 二语习得下高校英语分层教学新探索 93
    第一节 二语习得下高校英语分层教学概述 93
    第二节 二语习得下高校英语分层教学改革构想 107
    第三节 促进高校英语分层教学效果提升的对策措施 111

第五章 二语习得下高校英语综合课程开发新探索 117
    第一节 高校英语综合课程概述 117
    第二节 二语习得下高校英语综合课程开发的背景和作用 126
    第三节 二语习得下高校英语综合课程的需求分析 131

第四节　二语习得下高校英语综合课程开发路径 ……………… 134
结束语 …………………………………………………………… 149
参考文献 ………………………………………………………… 151

第一章　二语习得下高校英语教学的基本概念和理论基础

第一节　二语习得下高校英语教学的基本概念

一、二语习得的界定

(一) 二语习得的定义

二语习得是"第二语言习得"的简称，指的是学习者在实现母语的习得后，在此基础之上开展的对其他任何一种语言的学习。其核心为学习者应在科学、有效的条件下开展对英语的学习。二语习得发展至今，已经走出了最初的狭隘范畴，涉及的学科除了语言学，还有心理学等其他很多学科，体现出巨大的创新性和延伸性。学者们对二语习得的研究也给了外语学习者巨大帮助。[1]

(二) 二语习得的内涵

首先，在高校英语教学实践中，教师可从现代语言习得这个角度开展英语语言教学，还可从教学理论这个角度进行英语语言教学。不仅如此，二语习得理论还从母语角度对英语学习规则与课堂教学方式等进行了研究，该理论也从这些方面得到了完善。

---

[1] 刘璐. 二语习得视角下高校英语智慧课堂教学分析 [J]. 校园英语，2019(13): 9.

其次，克拉申在发展二语习得理论上做出了巨大贡献：一方面，克拉申认为，教师可让大学生从母语习得途径来获得对高校英语语言的习得；另一方面，教师可让大学生从自主学习的途径开展"高校英语学习"。二语习得理论下的"高校英语学习"指的是大学生以系统性的英语学习，然后实现对英语语言知识的深入掌握。二语习得理论中的"习得"主要说的是大学生在英语语言学习中所获得的东西，即大学生以英语语言在与他者的交流中所获得认知集合。这种认知集合是大学生个体在英语语言学习过程中与外在的语言体系的不断交流中形成的。最终，大学生会以富有自身特点的英语语言水平将自身的观点加以阐述。为此，高校英语教师要从母语和英语的辩证关系出发，将大学生的母语语言能力、使用特点、运用方式等发挥出来，从而让大学生能快速而高效地提升自己的英语能力。

二、二语习得理论与英语教学的实质

(一) 常见的错误分析理论观点

1. 对比分析与迁移

所谓对比分析，是从行为心理学与结构语言学等整合过程中逐步形成的。在高校英语的教学与学习过程中，对比分析理论主要体现为大学生从自身的母语应用习惯向英语应用习惯的转换。

第一，高校英语教师开展二语习得为核心教学时，要从母语和英语比较、感悟等，这样能让处于二语习得教学中的大学生对相关问题有更精准的理解，从而获得更好的英语学习体验与结果。而且从方法上来说，教师从母语与英语间的关联性来展开语言特点比较、语言思维比较、语言学习方法比较，从而让大学生对英语语言学习有更深理解，这样能在英语学习过程中更好地减少各种错误。

第二，从对比分析理论来说，语言学中既有的思想对学习者具有显著影响，这种影响本身也是语言传播的反映。在大学英语习得过程中，大学生所具有的语言（母语或其他语言）能力，会影响对英语发音、英语语言技能与英语文化等的学习，这些都会影响对英语语言的最终习得。

第三，教师应采取正迁移的策略开展二语习得下的高校英语教学，还可以采取负迁移的策略开展英语教学和学习。前者常发生在学习者所学外语与母语相近的情况中，后者常发生在学习者所学外语与母语之间在有些层面具有显见的相似，而在某些地方在具有鲜明的不同之际。从众所周知的情况来看，无论是教育者还是受教育者都能从第一语言与第二语言所具有的发音特点、语素特性与句法属性等展开，并从对比分析的思想方法中获得语言教学与学习的感悟等，进而形成具有特色的第二语言习得习惯。大学生的二语习得过程就是对英语语言与能力障碍的不断克服，并逐步形成良好的学习习惯。实际上，英语教学的诸多实践证明，母语与英语并不是全面兼容的，在很多方面是难以展开对应性的比较的。大学生对英语的学习是以不断的试错与改错来得到拓展的，这种逐步形成能力的过程，是难以通过对比分析来获得的。

2. 错误分析

第一，高校英语教师可通过对比分析理论展开对母语和英语的区隔，同时大学生也能在这个过程中形成不同区隔结果下的诠释以及相应的英语语言能力。对那些高频率使用母语者来说，如果一种外语和母语之间的差异越大，那么学习者对该外语的学习就越难，更有甚者，学习者的母语会成为一种外语的习得阻碍。如果高校英语教师能深入理解这些，他们就能更精准确认其所学习的外语在哪些方面对自己的母语而言存在着挑战。高校英语教师在不同主体的教学行为中，可从有用性的角度来展开教学设计、教学执行，从而获得最佳的二语习得课堂教学效果。实际上，教师在进行二语习得理论下的教学时，并不能只依靠对比分析这种手段，而且即使依靠这种手段也难以解释二语习得行为中的诸多现象。二语习得状态中的大学生在展开语言习得的错误分析时，很多语言学习中的错误是难以通过对比分析这种方法来加以阐释，乃至预测的。有些研究者发现，大学生在展开二语习得时，约有三成的英语语言错误来自母语，另有七成的错误来自英语本身，这七成错误具有更多发展性错误的特征。由此衍生出来的错误分析法能在大学生的英语学习中发挥巨大作用，能有效地纠正二语习得中出现的诸多语言谬误。

第二，其实在二语习得过程中，学习中的错误纠正的过程就是语言刺激形成的进程，是外语反应性知识及其技法形成的历程，同时也是大学生二语语言习惯形成的过程。从英语学习的成效来说，大学生要在日常的英语学习中形成良好的语言学习习惯，其中最为关键的是能及时而准确地纠正、内化学习中出现的各种错误。对这种情况，很多大学生所采用的学习方式是对正确句型反复练习，直至将正确的语言句型、语言思维模式加以内化为止。

第三，大学生在进行英语学习时还需采用其他相关理论，从而形成有效的刺激与反应，获得较佳的语言诠释与习得。

第四，大学生在进行英语学习时，应积极主动地采取二语习得理论及其方法，这样才能将烦琐的英语语言学习过程变得更有效率，自然大学生要勤于练习，这样才能更好地提升自己的英语语言能力。

3. 对英语教学实践的启示

第一，"语言迁移"指的是大学生将自己既有的母语知识迁移至英语中，从而形成良好知识吸收内在环境。同时教师要强化对外环境的营造和建设，从而形成良好的英语语言沟通与实践策略，并在不断地应用中形成良好的习惯。擅长教学的英语教师会运用一些策略让英语与母语变得更为接近，从而营造出积极的学习内外在环境。

第二，英语教师应侧重于营造出正迁移，让正迁移策略主导自己课堂教学设计与实施。"正迁移"更多地体现出对大学生英语学习具有巨大助益的语言技能的积极迁移。有经验的教师应当从这个视角出发开展对英语和母语具有的类似性的探索，并从模式建构的层面进行"正迁移"，从而形成良好的语言迁移境界。

第二，二语习得中的"负迁移"一般会被理解为英语习得中的"干扰"。这种干扰主要是英语与母语在语法上的不同而导致的风格上的干扰，这种干扰会形成英语语言学习上的副作用。

第三，大学生在进行二语习得时所形成的错误，既有系统性错误、行为性错误，又有一般性错误和部分性错误。从心理学的角度来看，大学生在英语应用中的常犯错误主要为未形成正确的英语习惯所致。一方面，大学生常常花大量的精力用于纠正英语的语音发音，这是很多大学生在英语学习的早期阶段所做的事；另一方面，将纠错的精力放在这方面其实是错误的，因为从错误分析思想的层面来说，将大量的精力放在对一般性错误的纠正上是得不偿失的。所以高校英语教师应允许大学生在一般性错误如语音上的犯错。这不仅是只有犯了错然后才能找到可能的解决方法，而且通过试错，大学生还能知道哪种学习方法最适合自己。总体来说，英语教师应在把控全面性错误的基础之上，开展英语课堂教学，从而获得更好的学习效果。

(二) 输入理论与英语教学

1. 输入理论的基本观点

第一，输入理论建立的一个基本出发点就是对每个学习者对适用的"普遍语法"。这种普遍性是确立大学生个体展开英语语言学习的客观条件。由此建构起来的"普遍语法理论"对二语习得下的英语教学产生了重要影响。通用语法教学方法下的二语习得更为强调英语语言对人脑的嵌入，比如英语语音对大学生人脑的嵌入，能让他们在短时间内习得英语语音知识，从而对英语语音的变化范围形成了限制，进而形成英语语言的语音范式，加深对英语语言特性的理解。高校英语教师在展开不同类型的英语教学时，可通过通用语法来展开对英语语言结构等的阐释，并从很多方面加以延伸。

第二，通过对普遍语法的运用，高校英语教师的英语教学能变得详细、精准而简练。在二语习得理论视域下，习得假设和学习假设之间有着一定差异，后者是大学生有意识地对英语语言语法加以掌握的过程，这个过程也是一种意识性假设的过程；前者是一种无意识发展英语语言综合性技能的过程。从任何一种情形来说，大学生都可从"习得假设"的规则出发，从而实现英语语言下的简便交流，以及实现高校英语教学的不断提升。

第三，在二语习得理论指导下的英语学习，能让大学生在英语的习得中逐步培育出自身的沟通技巧与技能。大学生对英语语言的学习不仅是对英语知识的学习，还涉及对语言意识系统的塑造与提升。这种对语言意识系统等的塑造就是大学生以下意识的方式对所学的英语中的问题展开探索与思考的。总之，二语习得环境下，大学生对英语语言的有意识学习以及无意识习得是彼此独立的，并非彼此依存，不可分离的。

2. 对英语教学实践的启迪

(1) 大学生第一，高校英语教师第二

第一，英语语法教学在大学生的英语学习过程中有着极为显著的影响，对提升大学生的英语学习效果颇为明显。从传统教育观念来看，英语教学与学习是建构在英语句型教学或英语语言结构教学等习惯性过程之上的。对很多大学生而言，即使他们已经对英语有所了解，仍然要从传统教育观念的角度进一步提升对英语学习的理解与创造。

第二，普遍语法理论对高校英语教学实践有着一定的影响，特别是在英语语言教学的表层结构与深层结构的划分上有着较为显见的影响。其中身处第一位的是大学生，他们是接受者，身处第二位的则是教师，他们是贡献者。从这一层面来看，在英语学习的过程中，大学生应采取自主的策略，并将自己的语言创造性积极地运用到英语语言的学习过程中，从而形成具有更强建设性的学习方法体系。

(2) 重视课堂教学的质量

第一，对很多以二语习得理论展开学习的大学生来说，太多的难以理解或解释不清的内容会让他们丧失学习的信心。对这些大学生来说，要从可理解性的角度开展教学。教师应从以下两个条件来开展教学：一方面，高校英语教师应注意自己的英语发音应尽可能地清晰，让大学生形成精准的英语发音习惯；另一方面，高校英语教师在日常教学中应侧重从常用词开展课堂教学，不用或少用生词以及生僻词，要从简单句着手，而不是从复杂句，以免增加大学生理解的难度。

第二，高校英语教师应采用由易到难的策略开展词汇教学或阅读教学，这两类英语教学内容都是围绕单词来展开。大学生在英语学习过程中遇到问题的难度越大，作为英语学习者的大学生就会被转向用母语（汉语）来对学习内容进行思考，而非英语思维和语言。而且即时采取语法分析的策略进行学习，也难以达到对英语学习内容词句上含义的精准理解。这样的学习效果自然不佳，大学生的英语学习兴趣与自信心自然也会大受影响。如果教师采用的阅读内容生词太多，那么大学生对其的理解就会更多地依靠词典，这样不仅会耗费更多的时间，而且会打击自己的英语学习自信心。为此，高校英语教师选择难易适度的阅读材料开展精读或泛读教学，让大学生的英语学习达到更好效果。

三、二语习得理论与英语学习的关系

第一，作为自主性极强的习得法则，习得强调的是大学生在自发、自为、协作、共生的境界中学会英语语言并掌握相应能力。这种思路的精髓是

让大学生在不经意间就习得英语语言及能力。高校英语教师可鼓励大学生看一些美剧，以此习得英语语言能力以及英美文化。比如，高校教师可将《权力的游戏》等美剧介绍给大学生，让他们在对这类剧集的欣赏中逐步习得一些英语的表达。又如，高校英语教师还可以引导大学生以听英语歌曲的形式开展对英语的习得。以"*Shape of You*"为例，大学生在听该曲的过程中，就能进一步了解该英文歌曲旋律愉悦等特点，并在不经意间深入理解一些英语句式的表达。通过这类习得性的英语学习策略、方法，大学生就能更好地知晓英语语言的规则，以及语言形式等，最终成功习得英语语言的技能。

第二，二语习得理论指导下的高校英语教学，教师应注重对英语学习环境的营造，让大学生能在更丰厚的英语语言环境中习得英语语言能力。从实际的情况来看，国内很多留美的大学生到美国后，由于英语语言环境的改变，他们并不能将自己的在课堂上学到的英语知识与交流技能运用实际的交流场合中，出现了哑巴英语的现象。这不仅是因为英文环境改变造成的交流障碍，而且还由于言不达意的交流困境所致，只有在经历一段剧烈的语言冲撞之后，很多大学生的英语语言能力就像瞬间提升，很快就能实现流畅交流了。这一步，是建立在语言的海量积累之上的，进而达成了潜移默化下的英语语言能力的跃升。

四、二语习得理论对高校英语教学的积极作用与理论意义

(一) 二语习得理论对高校英语教学的积极影响

第一，高校英语教学应大力提倡有效的二语习得教学策略，这对提升高校英语教学效率是必要的。它能让大学生以浸入式的方式开展英语语言学习，最大程度上沉浸在英语真实语境的熏染之中，从而更快地提升英语交流实践能力。

第二，二语习得理论还能将新的教学工具、教学技术、教学策略等整合起来，形成新的英语教学理念，以及在此基础之上不断提高高校英语教师的教学质量与大学生的英语学习效率。

第三，二语习得理论还能持续提升高校英语课堂教学的知识性、趣味性以及融合性，大学生也能在富有英语语言语境以及极富英语语言的风格中不断提升自己的语言适应度与敏感度。通过这种教学模式，教师也能更好地从传统的灌输型英语教学中走出来，进一步提升英语学科核心素养。

1. 创设真实的英语学习主题语境

第一，高校英语教师应从主题意义探究与塑造的层面展开，应从主题语境真实性的角度来展开教学规划、教学设计与教学实施。在不同主题内容的高校英语教学中，教师采用二语习得理论不仅可将英语语言、英语文化知识的特点更好地展现出来，还可将英语语言固有的语境特性展现出来，让大学生获得更好的语言学习效果。从很多英语教师的教学情况来看，他们并未给大学生创设出良好的、真实的英语学习情境，这不仅让很多大学生的英语学习被束缚在传统方式之中，还难以让大学生从这种传统的教学方法与学习方式中跳脱出来，毕竟教师的英语教学思想、教学设计对大学生的英语学习思想及学习方法有着极大影响。

第二，高校英语教师对二语习得理论的应用，一方面，教师能更顺利地设计出符合要求的英语教学情境，积极提升自己的教学能力，让教学目标得到更好贯彻；另一方面，通过这些高品质的英语教学情境，大学生能更好地将自己的英语学习潜能发挥出来，以更为积极而主动的姿态展开不同阶段的英语学习，提升自己的英语学业能力，为未来的职业生涯打下良好的基础。

第三，高校英语教师也可从成熟的语言情境出发，将各种教学素材、教学内容等整合起来，从而形成更有渗透性的英语教学模式，从而精准地推进大学生对英语语言技能与英语文化素养的掌握。

第四，依靠二语习得理论及其方法的教学设计与实施，新型交际教学法的课堂教学效果得到更明显的彰显。这种创新是建立在海量的、真实的语言情境之上，依靠它们，教学内容与教学目标都得到了更好贯彻，大学生也能在这样的进程中获得更地道的英语语言交流的体验，更纯粹、更高效的英语学习体验过程。

第五，二语习得理论在高效英语教学中的多元整合性运用，能促进大学生英语学习的融合性发展。实际上，以营造交际情境的方式展开英语课堂教学，不仅能将本族语下的生活实际融入课堂之中，让高校英语课堂变得更有生活气息和黏性，让高校英语课堂变得富有交际性、社会性，还能让大学生在此进程中获得更高效的英语学习体验。

2. 增强英语语感

第一，英语语感就是学习者在英语语言学习的多元进程中，以系统化的语言学习，逐步理解英语语言的特点、规律等，最终形成对英语语言的综合性感悟、融汇与应用能力。实际上，英语语言在很多英语学习内容中都发挥出了巨大作用，并为大学生的英语学习提供最为适切的学习模式，比如在英语语法的学习中，就可从语感的角度切入，对词汇、句型的学习则更能从这个角度切入。

第二，依靠二语习得理论的帮助，高校英语教师能将有效的教学思想、技术、策略等整合起来，强化学生的语感，让自己的教学策略、教学设计得到更好实施，同时让大学生个体的英语语感得到提升。同时随着大学生对各种英语语言特有语言现象的掌握，他们的英语感知能力也必定会得到加强，进而形成超越性的英语学习范式与预期。

第三，对汉语为母语的英语学习者来说，他们即使具有娴熟的英语语言表达能力，也并不一定具有英语语言思维能力，这两者并不是协调一致的。而且汉语的固有思维模式还会对英语学习产生相当的制约，给学习者英语语言思维能力的形成造成巨大的困难。在此背景下，高校英语教师在自己的课堂教学中，将二语习得理论融入教学思路、教学设计，以丰富的课堂语境设置让大学生能更快地形成英语语感，并不断得到增强；教师还应积极培育大学生的英语思维能力，让他们最终达到无意识地说出英语的状态，以自觉自为的形式展开交流。至此，大学生的英语语言理解能力与英语语言表达能力已经达到了很高的境界。

3. 提升英语语法能力

第一，在高校英语教学中，英语教师应从整体上对英语语法加以掌控，具体来说，教师应从教学质量、大学生的学习质量以及学习效率等层面把控，如此就能形成良好的教与学的关系。

第二，依靠二语习得理论的巨大促进应用，大学生可进一步深入理解英语语法结构，并在持续的英语语境创设中提升自己的英语语言能力，达到对英语语法的逐步内化，将英语语言的使用提升到新的境界。就大学生而言，其已经具有了相当程度的英语语法知识，再依靠二语习得理论的支撑与融合作用，就能将自身既有的语法知识与具体的英语语境整合起来，进而拥有以有效方式展开对语法对象加以理解与精准表达的相关能力，大学生的英语语法意识自然也就得到了增强。

第三，二语习得理论可从很多层面辅助化解大学生在语法知识的输入与输出上呈现出来的难题，从深层次上激发大学生对英语语法知识相关问题的思考，提升大学生的英语应用能力。因此，高校英语教学依靠二语习得理论就能形成丰富的英语语法交流体系，并能在该体系中不断深入英语语言的本质，并通过实际应用进一步理解英语语法的实质。高校英语教师应对大学生的英语语法应用方法和技能展开引导，这样才能快速、高效地培养出他们在这方面的能力，进而提升大学生对英语语法技能的掌握以及相应的应用能力。

第四，大学生应与同学相互协作，以合作学习的方式展开对英语语法语境的创设，从而更好地推动自主性英语语法知识、技能的学习，从而更好地实现对大学生英语语法理论知识及其应用实践能力的提升。

4. 促进英语学科核心素养的形成与发展

第一，大学阶段的英语学科核心素养不仅通过大学生的英语语言能力、英语文化意识得到彰显，还通过英语思维品质与英语学习能力得到呈现。毫无疑问，英语学科的工具性价值与人文性价值也在这些核心素养中得到详细展示。

第二，高校英语语言能力主要从以下四个方面得到呈现：一是大学生的英语听力能力；二是大学生的英语口语能力；三是大学生的英语阅读能力；四是大学生的英语写作能力。这些能力依靠二语习得理论与相关的情境创设，就能得到逐步锻炼与稳步提升，最终实现大学生英语学科核心素养能力的提高。

第三，拥有较高水准的文化意识，就能让大学生将汉语文化与英语文化整合起来，在相互的认同与交集中形成对文化集合深层次理解，进而形成二语习得理论下的跨文化交流能力，并从文化思维能力实现对外语学习能力的本质性提升。毕竟从不同文化的跨越性思辨活动中，大学生得以形成的不仅是思维能力的提高，逻辑能力的优化，还有文化创新能力的提升。大学生可将二语习得理论整合到自己的学习进程之中，并与自己的英语语言现实交流交际情况整合起来，从而更快地形成富有进取性的语言判断力与问题化解力。

第四，这里的学习能力强调的是一种综合性的跨语言运思能力。作为学习的个体，大学生应能将不同适切的语言学习方法应用到自己的英语学习过程中来，要善于整合、区分不同的英语学习素材，要能随时优化自己的学习策略，提升自己的学习效率，不断夯实自己的学习质量，从而实现对英语语言能力的提升。在此条件下，教师以二语习得理论创设出的富有真实性韵味的英语语境则能给大学生更为广泛的英语语言畅享空间，以及英语知识理论与现实交流交际的空间，通过这种持续的、富有进取心的跨语言磨合，大学生的英语语言输出质量、输出能力、输出效率，并实现对大学生自主学习能力的建构。

总之，高校英语教学中的二语习得理论的应用客观上从很多层面促进了大学生的英语学习能力与应用能力，并进一步优化了大学生的英语学科综合性素养。实际上，通过综合性的二语习得理论的深入应用，很多高校已经将二语习得理论下的高校英语课堂教学作为实现大学生英语学习模式、学习能力等的核心。以此为宗旨的高校英语课堂教学思路、教学设计与教学实施主要体现在以下几个方面：一是教师通过创设真实而有效的英语学习主题语境来实现；二是教师引导大学生不断增强其英语语感；三是教师通过二语习得理论不断提升大学生的英语语法能力；四是教师通过创造性的教学策略、多元化的教学手段实现对大学生英语学科核心素养的显著发展。通过实践的情况来看，以二语习得理论为核心展开的高校英语教学，高校的英语教学质量得到显著提升，大学生的英语学习创造能力得到优化，并以自主学习能力的增长得到了体现。

（二）二语习得理论对高校英语教学的理论意义

第一，在高校英语教学改革的宏大背景下，二语习得理论已经在很多高校的英语教学中得到非常广泛的应用，并建构出富有本校特色的二语习得教学体系。进入新时代以来，众多高校英语教学团队已经从传统教学模式中走出来，力求从启发性、创造性角度展开高校英语教学，并将大学生作为教学设计、教学实施的中心来加以对待，很多教师还积极展开了启迪性教学，从而构建以大学生为本的二语习得教学理念与教学体系。通过这种主体性极强的二语习得教学理念，大学生的教学主体地位得到扩大、巩固，高校英语教师的课堂教学变得更为良性起来，对不同教学素材、教学内容的融合能力也得到了显著改进，教师的英语教学革新能力和创造能力也得到了提升。可以说，二语习得理论在很大程度上提升我国高校英语教学的综合性水平。

第二，从富有创新性的二语习得视角来说，高校英语教学正是因为二语习得理论的特性，才将英语语言的文化关联性及其相应的主体性得到了生动展示，英语语言的知识对象属性得到削减，而相应的文化主体性得到提升。一方面，其主要体现为大学生对英语的应用，与传统的强调英语知识的学习，不强调英语的使用不同，二语习得理论下的高校英语教学则更为强调英语语言的应用性实践，对使用者的主导性作用更为强调。这才是二语习得理论与高校英语教学相结合的价值。对英语使用价值的强调，可以说是一种二语习得下的拨乱反正，是对英语作为一种语言的本质性回归。另一方面，作为英语学习者，大学生应力求将英语语言加以内化，成为能够趋向于完全掌握的一种第二语言。在此过程中，大学生将获得超凡的成就感，这种成就感远远不是通过某种考试所能够媲美的。由此可见，在高校英语的革新性教学背景下，二语习得理论的应用性发展是高校英语教学改革的核心方向之一。

第三，高校教师对二语习得理论的运用，客观上促进了教学策略、教学技能、教学设计的改进，教师的整体性教学技能与能力得到提升。通过对传统高校英语课堂教学的改进，众多英语教师的教学方法、教学策略等得到改进，从"授之以鱼"向"授之以渔"转变，将英语语言的工具性在很多层面展开了培植，提升工具性的丰厚度、包孕度和实践性，从而实现了二语习得下英语语言知识与能力的汇通，大学生也能在这样的进程中顺利实现对英语语言的交际与交流。①为了更进一步将二语习得下的英语教学价值发挥出来，很多高校英语教师依靠二语习得理论发展出了"沉浸式"的教学方法和教学模式。这类教学方法、教学模式在很大程度上实现了对大学生英语学习趣味的提升，以自发自为的方式将他们的学习主体地位展现出来。

第二节　二语习得下高校英语教学的基本理论

一、乔姆斯基学派的二语习得理论

第一，从神经学的角度来看，大学生个体所具有的语言能力在很大程度上受到了遗传基因的制约，即语言能力与先天某些因素是紧密相关的。至少乔姆斯基将这一思路发展开来，并创设出了"普通语法"。"普通语法"就是英语语言学习机制的支撑，如果大学生个体未能在自己的学习机制中获得相应的基于"普通语法"支撑，那么大学生对英语的学习是难以完成的，实际上，没有这种基于"普通语法"的支撑，大学生对母语的学习也是难以完成的。因为如果没有语言"输入—输出"机制，"普通语法"也就难以存在，英语语言的"输出—输入"也就是难以形成，更不用说以充分的形式得到应用，大学生对英语的习得也自然无法得到成立。

第二，语言是大学生心理活动机制的生动反映。首先，任何一个个体自从出生之际，其天然就具有了相应的生理性语言基因以及语言能力。其次，这些个体还会在后天的语言习得中获得语言能力的增长，并以天然就具有语言自动修复机制展开对英语语言的吸收、修正等。比如，对很多婴儿来说，他们在学习语言时，是存在着大量谬误的，这些谬误并不需要婴儿去刻意纠

---

① 王毅，吴晶.二语习得视域下"翻转课堂"学习环境的分析[J].中国教育学刊，2016(S1)：87-88，94.

正，不仅是因为他们没有那种能力，而且也完全不必要，这些谬误随着他们的成长自动就得到了纠正。

第三，作为研究者或较高意识水平的英语语言学习者，他们会从基本语法的规则出发展开对语言的研究与学习。通过对英语语言基本语法规则的掌控，无论是研究者还是学习者都能更好地理解英语语言中的诸多规则与问题，对作为学习者的大学生来说，对英语基本语法规则的深入了解能促进他们更好地掌握这门语言，并加以积极应用，更快地形成熟练的英语语言应用能力，实现良好的交流交际效果。其实质是，随着大学生英语语言知识的不断递增，对英语语言应用能力的持续提升，大学生对英语的应用能力变得越来越强，对英语语言的使用也变得越来越流利。而且这个过程主要不是通过书本上的既有理论知识等来获得的，而是通过学习者对英语语言的有效输出来得以实现的。

二、克拉申二语习得理论

(一) 语言输入理论

在克拉申看来，英语语言的输入是建构英语语言学习的关键，换言之，大学生必须以英语语言输入的形式获得二语习得的本质性的方法、策略。实际上，英语语言的输入大致是从两个层面来得到实现的。

第一，大学生对英语学科知识的获得是通过习得与学习这两个过程来实现的。前者强调的是大学生在良好的英语语言环境中，以自主、自发、自为的形式获得英语语言与能力，进而达到流畅使用的境界。在实施英语学科的学习时，大学生应以科学合理的方法、策略开展对相关知识、语法规则与应用准则等练习与实践，从而实现对英语语言的掌握。与习得这种模式相比，学习这种模式具有更强的针对性和目的性。学习与习得是大学生英语知识获得的必要环节，两者可以说是等量齐观的。

第二，教师在引导大学生展开语言输入时，所输入的内容应尽可能确保可理解性，如此才能确保英语语言学习的良好效果。教师应从大学生既有的英语语言水平与能力出发，展开适切性的教学设计和实施。一般来说，教师所选择的教学素材或教学资源应略高于大学生当前的真实英语水平，如此方能以富有竞争性的形式对大学生的英语学习形成良好的激励，快速提升他们的英语知识水平和能力。

(二) 情感过滤理论

第一，大学生对英语在语言学习中，学习效果并不是由语言输入这一单一因素决定的。情感过滤理论是组成克拉申二语习得理论的重要分支。在该理论的指引下，教师要从确保英语语言学习效果出发展开教学设计，因此教师不仅要择取科学合理的方法，还要选择适切的教学素材以及相应的情感要素等，这样才能塑造出最佳的教学情境，将大学生的学习潜能激发出来，得到较好的学习效果。

第二，顾名思义，情感过滤理论强调的是大学生在习得或学习过程中的情感要素，一般来说，教师应将大学生积极的情感因素发挥出来，抑制消极的情感因素，这样才能确保大学生的英语语言学习潜能得到良好释放。从主体来说，对大学生英语语言学习效果起到主要影响的情感因素体现在两个方面：其一，大学生个体的情感因素，这类情感因素在大学生的英语学习过程中起到了决定性作用；其二，高校英语任课教师的情感因素，这类情感在大学生的英语学习过程中起到了不可或缺的辅助性作用。就大学生的情感因素而言，大学生个体的情感要素不仅体现在学习动机这方面的内容上，而且也体现在大学生个体的自信心等上面。教师应充分调动大学生正向的学习动机，降低他们的学习焦虑感，让他们以较高的自信心面对英语学习中的困难，如此就能让大学生获得较佳的学习效果。就高校英语任课教师的情感因素来说，其能从侧面对大学生的英语学习产生诸多正面作用。高校英语教师自己应将自己正面的情绪带入课堂教学，抑制那些负面的情绪，以免影响英语课堂教学的效果。在课堂教学的过程中，教师应尽可能将大学生学习兴趣激发出来，让每个大学生都能积极主动地开展英语语言学习。

（三）语言输出理论

第一，大学生对英语的学习是为了能给自己未来的职业生涯带来帮助，能让自己的工作变得更高效，能有助于展开跨文化、跨语言的交流。在此背景下，大学生对英语语言学习过程的输出就变得极为重要。

第二，从语言输出理论的视角来观察，克拉申的二语习得理论更为强调大学生在英语学习中的"输入—输出"自主性，同时大学生也能在英语语言知识的不断内化过程中逐步形成有效的输出，最终获得英语语言的流利交流，实现对自身工作、生活的帮助作用。[1]

第三，实践证明，大学生在进行英语语言学习之后，影响其英语语言输出效果的影响不仅包括英语语言知识的输入与记忆，还包括大学生依靠英语语言所展开的互动交流以及其他相关实践等。教师在展开英语语言教学时，要尽可能地以语言输出理论为准则展开教学设计、教学实施，这样才能更好地建构出大学生的英语语言"输入—输出"机制，获得良好的英语语言学习效果。

三、二语习得环境论

第一，在二语习得的进程中，环境因素是极为重要的，其对英语语言

---

[1] 陈晶.Krashen 二语习得理论下的大学英语教学策略探析 [J].辽宁广播电视大学学报，2015(4)：32-33.

的习得结果有着极为重要的影响，而且是一种先在性影响因素。虽然很多研究者认为这种先在性影响对大学生的英语能力习得影响不大，但是其实这种先在因素在很多时候还是会起到一定的作用。对大多数大学生来说，他们的语言学习先在因素都是差不多的，可见这里的环境论是可以将先在（先天）因素忽略不计的，着重强调的是外部环境对大学生英语学习的影响。在实际的研究与学习实践过程中，无论是研究者还是学习者都可以通过定量分析来探知外部环境对研究对象、学习目标的影响，从而获得更好的实践效果。一方面，从"行为主义"的视角来看，"刺激—反应"模式能较好地解释大学生英语习得中的环境因素。就任何一种语言来说，本身就是在漫长的时间中发展起来的行为体系，外语学习者对一种语言习得过程就是对该语言下行为体系与习惯的获得。对任何一个中国大学生而言，英语习得的过程就是对英语语言习惯的不断养成的过程。在英语语言新的习惯形成的过程中，母语（一般为汉语）的语言习惯会对英语所具有的新的语言习惯形成干扰。另一方面，很多高校英语教师在环境论展开教学时，会采用"文化迁移模式"展开教学情境创设，乃至展开其他相关的教学设计，以便不断促进大学生的英语学习效率，获得最佳的环境论下的学习效果。实际上，大学生在开展英语学习的过程中，不仅会受到自身心理要素与英语母语者心理要素之间的差距的影响，还会受到大学生自身社会文化素养与英语母语者社会文化素养之间差距的影响。[1]

第二，社会距离在二语习得中表达的是群体中的个体之间的社会性接触距离，这种距离会因为群体的不同而有很大差异，表现在语言上会以特定的语法规则或其他表达得到呈现。大学生在进行英语学习时，其所进入的英语语言场域会将英语社会所具有的社会性接触距离生动反映出来，通过不断学习，大学生最终了解了英语社会中的社会性接触距离的实质。就心理距离

---

[1] 李哲. 第二语言习得研究 [M]. 济南：山东大学出版社，2000：228.

而言，则是大学生在学习英语语言的过程中，以个体的身份对英语语言所具有的新的文化影响下的心理、情感影响。这些心理性影响会对大学生的英语语言习得造成必然的"文化迁移"，并在形成英语语言能力的过程一同内化到大学生的脑海之中。文化迁移的速度与深度与大学生对英语语言习得的水平有关，如果大学生对英语习得的熟练程度高，那么英语文化所产生的文化迁移的幅度就大。

第三，英语语言环境对大学生习得这种语言起到了决定性的作用。大学生是在掌握了母语之后才展开对英语的习得的，这时他们不仅在生理上趋于成熟，在心理上也是颇为成熟的。从目前很多大学生的英语学习状态来说，他们获得英语语言信息的核心渠道还是教师的课堂教学以及教科书，总体上来说，英语语言环境并不丰富，还需要从很大方面扩展。只有扩大英语语言学习素材的量，提升大学生对英语语言知识内容上的积累，才能快速、高效地提升他们的学习质量。

第四，英语语言环境是非常重要的，不是仅仅提供海量的英语教学素材就能替代的。大学生要想获得对英语交流水平的提升，就必须在一定时间内沉浸在英语语言环境内。这样才能尽快地在英语交流能力上得到提高，获得与讲本族语者差不多一样的语言交流能力。这是因为如果大学生能在一定时间内充分暴露在英语语言鲜活的语言环境中，那么他们就几乎能在所有场合沉浸到英语语言环境里，从每个环节感受到英语语言的直接冲击，并不得不展开英语交流下的操练，从而快速提升自己的英语水平。可见，英语语言环境对大学生的英语习得起到了巨大的制约作用，从很大程度上影响了大学生英语习得成败。

四、自治学习理论

第一，这里的自治学习指的是一种英语语言学习方法，侧重于对大学生自主自为学习潜能的强调与释放。在这种学习理念下，大学生的自我期望值越高，其倾注在英语语言学习上的动力也就越足，学习的效果也就越高。

第二，处于自治学习中的大学生个体应能将学习素材、学习工具、教师的引导等要素整合起来，以将主观因素、客观因素融为一体的方式展开英语学习，让自己在自治学习的环境与氛围中不断实现对英语语言的提升。

第三，大学生的自治学习形式具有便捷性、可控性的特点。前者指的是大学生可采用灵活多变、便捷可行的方式，按照自己的诉求和期望展开英语语言的学习；后者指的是大学生学习的节奏、规模、场地等是可以根据自己的需要加以管控、微调的，以达到最佳的学习效果为佳。对处于英语学习中的大学生而言，积极主动的学习氛围与环境因素能对其的英语学习起到良好的激励作用。毕竟，积极、正面的英语学习环境，能对大学生的英语语言输入产生巨大促进，而且大学生在进行英语的输出性操练时，也能获得更为有效的交际性、文化性释放，最终形成效率极高的英语语言学习模式。

第四，处于自治学习模式下的高校英语教师，并不会刻意主导大学生的英语学习进程。教师课堂教学的效果从很大程度上建构在大学生自己的学习策略、学习动机等上面，其中同学之间的协作学习策略、效力等在很大程度上决定了所选择自治学习策略、模式的成败。就教师来说，则要从学习策略等层面展开对大学生的引导、监管与建议，以便更好地促进大学生的自治性学习。具体来说，教师应从责任心、自信心、学习方法、学习工具等方面展开引导，以便大学生能在提升自己的学习责任心的、自信心的同时，还能将最时新的学习工具加以高效应用，从而获得最适合大学生自己的自治性学习策略或模式，最终实现对英语语言的快速学习以及对英语语言能力的稳步提升。

五、建构主义理论

建构主义最早由著名学者皮亚杰提出，该思想理论的出现受到了认知加工学说的极大影响。在建构主义漫长的发展过程中，出现了很多流派，早期的有激进建构主义等，进入 21 世纪后出现了信息加工建构主义等。这些不同的流派在主要的观点上是差不多的，只是在一些细微的地方有一定差异。

(一) 建构主义的知识观

第一，在建构主义看来，知识是一种主观性的解释，或者基于客观现象的主观性假设，因此知识具有动态性。

第二，学习者对知识的解读是多元化的，没有铁定的标准，学习者可根据自身的感悟、认知来展开对英语知识和能力的塑造，或者以其他更为个体化的方式展开对英语知识与能力的建构。

(二) 建构主义的学生观

第一，大学生在获得英语知识之前已经拥有了不少知识，而且他们所获得的英语知识并非孤立的，而是一种有着一定关联性的输入与内化。二语习得理论影响的英语习得者，他们有着自己不同的特定背景，对英语有着自身独特的看法，并能在此基础之上形成自己的科学合理的推断与假设。

第二，学生在教学中是知识处理的参与者、主导者、转换者，而非单一的知识传递者。教学是围绕大学生这个学习的主体来展开的，是按照自身的感悟、经验来实施的，因此教师在进行教学时应从大学生的主体地位展开思考，按照大学生知识和能力的欠缺点展开教学，如此才能获得最佳的知识建构。教师应随时了解大学生最新的想法和变化，并据此做出教学上的相应调整。

(三) 建构主义的学习观

第一，建构主义理论坚信大学生的学习必定是发生在特定的社会背景下的，大学生可通过协同合作的形式展开学习，建构出富有自身特色的英语知识结构。

第二，大学生对知识的学习依靠高校英语教师的单一的传授，而依靠大学生自主的学习方式，就能逐步建立起符合自己的学习模式以及知识体系。

(四) 建构主义的教学观

第一，大学生对知识的学习具有动态性、相对性，教师只是大学生英语学习的辅助者、引导者，激励者；大学生在教师的悉心指导下不仅获得了知识的增长，以及推理能力、交流能力等的提升，还能从所吸取的英语信息资源、学习模式等中获得英语语言分析能力、英语语言鉴别能力、英语语言交流能力等，进而促进语言建构能力的全面形成。

第二，建构主义教育理念极为重视大学生的主体地位，大学生的主体性、创造性在英语语言建构的过程中发挥着极为核心的作用。教师应以创造性的姿态展开英语教学，让大学生能自主参与教学过程，实现互动性学习，以及对翻转课堂的创造性发展，据此教师就能发展出富有创新性、渗透性、发展性的翻转课堂教学模式。

六、混合学习理论

所谓混合学习，是依靠网络技术展开学习的模式发展到一定阶段，人们抛弃纯技术性教学，进而演绎出的一种新的学习理论。混合学习既具有传统课堂学习的特点，又具有网络技术学习的特点，两者之间有着相辅相成的关系。依靠这种学习理论，教师在教学中的主导性能得到很大程度的维持，同时大学生的学习主体性也能得到兼顾，教学双方都得到了良好的发展。可见，混合学习理论在本质上就是为了实现对教的目标与学的目标的紧密统合，从组成要素的角度实现教与学的优化、组合。混合学习的这些特点，让其成为业内外关注的热点。实际上，混合学习模式比其他很多教学模式都要高效，受到了很多教师和学生喜欢。

混合学习的优点主要体现在以下这些方面：

其一，混合学习能提高大学生的学习效率，以较少的时间获得更好的英语知识的吸收。大学生可通过网络展开英语学习，在线学习方式不仅能让大学生的学习变得更有弹性，而且提升了对时间的利用率，客观上增加了学习时间。

其二，混合学习能促进教学方式、学习方式的多元化发展。教师可通过混合学习让自己的教学方式变得更为多元化。大学生可根据这种学习理论梳理自己的学习情况，然后择取最佳的学习方式。大学生学习的场所变得更为随意，既可在传统的教室场合以听课的形式展开学习，也可在其他任何地方以在线形式展开学习，而且大学生还可就同样的内容开展重复学习。

其三，混合学习提升了教学主体间的互动机会与交流概率，不仅师生间的交流机会得到增加，而且生生间的互动也变得更为频繁而高效起来。师生间、生生间的交流形式很多，既可采用面对面的交流，又可采用网上论坛等聊天形式进行。

其四，混合学习能融入更多的精英教学力量，拓展高校二语习得理论下的英语教师力量。依靠网络展开教学，能将很多精英人士邀请进来，直接参与英语课堂教学，这些在某个行业、专业具有卓越贡献的专家能够给大学生的英语学习带来巨大的帮助，能让大学生了解到行业性、专业性的最新变化，从更广泛的范畴提升大学生的英语语言能力与领悟能力。

其五，混合学习能从二语习得理论的实践角度提升大学生对所学知识的反思能力。通过有效的混合学习，大学生就可顺利实现对英语知识的建构，并在不断的混合性实践中得到内化。在课后环节，大学生可以在线学习形式实现更进一步的反思，并以各类网络平台实现彼此间的互动交流以及合作学习，进一步提升对英语知识的掌握。

二语习得理论下的翻转课堂实践体现出了鲜明的传统与学习形式与网络学习形式相结合的特点。在翻转课堂教学模式下，大学生的二语习得课前准备活动体现出了极强的自主性，而在课中的学习活动则体现出线上自主学习与线下自主学习的双重混合。依靠翻转课堂的在线自主性学习，无论是教师还是大学生，都能将二语习得理论所倡导的原则更好地体现出来，并获得良好的教与学的效果。总之，教师在实施二语习得理论下的翻转课堂教学时，要深入理解与探索混合学习理论的实质，然后对各类要素加以科学选择与优化组合，达到较佳的教学效果。

第二章 二语习得下高校英语项目教学法新探索

第一节 项目教学法在高校英语实践教学应用的必要性

一、项目教学法概述

(一) 项目教学法的定义

所谓项目教学法，在英文中被叫作 Project-Based Learning Method（简称"PBL"），顾名思义，就是教师以项目式的方式所开展的教学，且大学生按照项目式的方式开展的学习。从建构主义理论的角度来看，项目教学法的先进性体现在教学主体的协作性、教学内容的项目性与专题性、教学方法的针对性等层面，教师应在实际的教学项目中将这些优势体现出来，并侧重以协作共生的方式展开项目式教学与学习活动。依靠这种教学法，高校英语教师能将有关的英语教学素材、教学方法等融入项目任务中，让大学生积极参与项目教学的进程，成为主动参与学习的主体。教师应深入研究、挖掘教学目标、教学内容，以课程标准规定的内容为支撑来整合其他相关教学素材，让大学生在多元变化的英语实践中不断提高自己的英语语言能力和综合性应用能力。与传统英语教学方法相比，项目教学法将不同主题下的项目作为主线，将各种主题性教学内容贯穿在项目之下，并以任务展开综合性、系统性的练习，从而实现英语语言及其能力的全面提升。

(二) 项目教学法的内涵

第一，项目教学法更注重从既有的教学模式展开特定性的项目化、专题化教学设计。只有对既有的教学模式有深入而精准的了解，才能对当前所要展开项目教学以及所应采用的最佳项目教学策略有准确认识，并做出最佳的教学策略择取，从而实现对教学任务的良好完成。

第二，教师应从项目教学法的教学策略、理论方法以及教学体系出发，展开对教学内容、师生关系等的研讨，在强化了解大学生的学习趋势、状态与模式等之后，教师能更好地把控教学项目的深度，并将大学生的学习主体要素融入其中，以便获得更好的教学视野、教学设计，进而开展富有进取的课堂教学，并能将大学生的学习潜能激发出来，获得对英语学习中各种问题的化解。

第三，教师所确立的项目教学内容和教学模式等要尽可能地符合大学生的学习习惯，并重视对大学生的创造性引导，将他们所具有的学习动力尽可能地激发出来。

(三) 项目教学法的特点

1. 以项目为主线贯穿教学内容

第一，高校英语教师应按照课标要求，将教材中划分好的知识单元以主题性、专题性等为核心展开项目式重组，这样不仅能实现对英语课程内容的梳理、重构，而且还能达到对大学生这个学习主体的植入，以及学习潜能、学习动力的挖掘与整合等。从具体的操作来说，高校英语教师应从课程标准的要求出发，将教材中的知识点与其他素材综合起来，按照知识点、英语语言能力类型等展开对知识的建构与阐释，这样能让大学生从既有的死记硬背为核心的学习模式中走出来，对英语语法知识等形成更好的理解，并在这样的学习历程中不断提升自己的英语语言能力与交流交际水准。

第二，教师应将课程标准规定的词汇、语法等融入所教学的项目中，并从英语语境、教学氛围的适切性融入中实现项目化升级。通过这种模式，教师就能将项目教学涉及范围内的单词要素、语法要素以及课程模式等其他要素深度整合起来，实现对相关英语知识的高效学习与内化。

2. 以任务为支撑展开听说读写的整合性培养

第一，与传统高校英语教学相比，任务性项目教学改变了传统的以大学生的学为主的模式，将更多的教学时间、教学空间分配给了任务性的教学项目，而且一般都是以任务群组的方式组成半学期性、学期性的项目化教学内容，将英语语法、英语阅读、英语写作等课型发展成项目化的课程体系，从而实现高校英语课程教学的良性发展。

第二，高校英语教师应安排多样化的教学形式，让大学生能在形式多样的互动性教学活动中不断提升自己的英语语言水平。比如，教师应引导大学生展开英语剧情操练，或者大学生之间的自编对话等，从而实现对既有教学内容的超越，实现课堂教学与大学生生活实际的整合。而且通过该过程，大学生对英语语法、句型等掌握将变得更为熟练、深刻，并能将其运用到英语交际交流的场景中。

3. 以大学生为主体，提升学习效果

第一，从传统的很多高校英语教学观点来说，英语教师在课堂教学中的任务和角色是很重的，甚至有唱独角戏的鲜明特征。甚至很多人都认为，教师在课堂教学中参与程度、分量决定了英语课程教学效果与大学生英语学习效果的高低。

第二，英语教师应从既有的主导地位中跳脱出来，从教学素材挖掘、教学步骤的确立以及教学方法的选择等来展开课堂教学思路的开发，并通过大学生的积极参与，让他们在相互协作、自主自为的学习进程中不断提升自己的学习效率和英语语言水平。

二、高校英语教学中引入项目教学法的必要性

(一) 项目教学法所具有的优势, 提升了其引导高校英语教学的必要性

其一，项目教学法将大学生的英语教学、学习的主体地位充分展现了出来，大学生能将更多的时间用来展开会话、听力等项目性的操练。通过这些项目化的有针对性的练习，大学生的英语交际能力就能得到快速提升，而且通过这些项目性的操练，大学生对英语知识的掌握变得更为牢固了。其二，项目教学法能快速而高效地营造出良好的课堂教学氛围，这样的学习环境会对大学生的英语学习形成正面激励。大学生采用项目教学法进行学习，不仅体现在对资源的查询，对问题的化解，对自己学习兴趣等的塑造上，还体现在对协作能力的提升，对英语交际能力的不断优化，最终实现教学双方的良性互动与正面成长。

(二) 项目教学法的开展有利于丰富教学的内容

第一，我国高校在投身新时代的社会主义现代化进程中，着重开展的工作是对各类高素质人才的培育，这就要求高校不仅重视对各类专业的培养，还要注重对英语语言技能的培育。其中，项目教学法就是高校开展各种应用型专业的核心教学方法，能对高校应用型课程的高效开设起到良好的促进作用。

第二，从实际英语课堂教学来看，很多高校英语教师对英语课程的研究、开发不够，从而扼杀了大学生的英语学习兴趣，并指使预定的课程教学目标定位难以达到，这样就会导致高校英语教学的不协调。为此，高校教师应从当前本专业的英语教学需求、教学目标出发，开展对英语课堂教学任务

的项目式规划、设计与实施，从而将大学生的英语课程学习积极性、自主性更好地塑造出来，最终形成良好的大学生英语应用能力，增强他们的职场核心竞争力。

第三，高校英语教学内容的拓展应秉持实用为主、够用为度的准则，这样才能更好地进行对教材的再开发以及对相关教学素材的发掘。只有教学素材丰厚，才能更好地将大学生的英语语言能力培育出来。从具体的操作过程中，教师应以多元化的整合原则来开展英语学科的教学，如此才能在摆脱既有教学模式的基础之上，实现项目教学法的创新性运用。通过这个过程，高校英语教学内容体系就能更好地建构起来，高校英语课程内容的针对性也将变得更强。实际上，教师可按照以上原则建构自己的教学资料库，随着自己教学资料库的扩大，教师的教学统摄力与包容度也将得到显著提高，不仅如此，教师的教学方法也将得到进一步优化，大学生的英语学习能力也将随之水涨船高，英语学习效果也变得更好。

（三）项目教学法可以丰富高校英语教学的评价形式

第一，有效的教学评价是高校英语教学中的必不可少的环节，教学评价一般包括对课堂教学内容的评价，对课堂教学方法的评价，等等。高校英语教师在展开英语教学评价时应秉持以教学目标为根据的原则，这样才能设置出最为科学合理的评价指标和评价体系，从而让自己的英语学科教学目标得到更好贯彻与落实，确保英语学科的课堂教学能顺利而高效地完成。

第二，依靠项目教学法，高校英语教师就能从传统的教学评价模式中走出来，不被纯粹的智力理论评估模式所限制，从而获得更精准的评价结果，让高校英语教师的英语教学变得更为客观、有效且富有创造性。

第三，依靠项目教学为指导的评价模式，高校英语教师能更好地将自己的教学注意力集中到当下的教学项目与内容上，获得教学评价结果也更为客观、有效。

第四，依靠项目教学法为核心的教学评价方式，高校英语教师还能以项目的灵活开展来不断催生大学生的英语学习积极性、自主性，让大学生自主而积极地探索英语文化知识，并在项目性的教学活动中以协作交流的方式更好地培育出自己英语核心素养，以及相应的英语应用能力。

第五，依靠项目教学法为核心的评价方式，高校英语教师能更好地展开定量性评价设计，比如教师可从教师、大学生、教学内容、教学手段等层面展开多维度、全面性的教学评价模式设计。这样既能从本质上确立教学目标的科学性、可持续性等，又能让自己的课堂教学水平在趋于严谨的教学评价体系中不断得到精进。

（四）项目教学法能促进高校英语教学改革体现出来的必要性

项目教学法高校英语教学的改革作用主要体现在以下这些方面。

其一，项目教学法能更好地对高校英语课程的性质展开确立、修正，从而确立高校英语课堂教学近期的变化与需求。这种修正不仅体现在对英语知识的调整上，还体现在现实性、实用性很强的英语交流交际的应用上，通过反复的英语交流实践，大学生的英语应用能力就能得到显著提升。[1] 在此过程中，项目教学法能从实践性、应用性层面提升教学的灵活度和针对性，从而顺利实现高校英语教学改革。

其二，项目教学法能促进高校英语教学的社会性需求改革。随着全球化进入新时代的发展阶段，全社会对英语人才的需求进入了新的阶段，对英语综合性素养的要求越来越高，也越来越专业化。依靠项目教学法，高校英语教师能更好地提升大学生的英语实践能力。

其三，项目教学法能从大学生的角度促进高校英语教学的改革。随着

---

[1] 石后义. 对高校英语教学的几点思考[J]. 考试周刊，2012: 27.

社会的快速进步，技术的跨越式发展越发明显，大学生所应具备的知识渗透性、参悟性能力也越发急切，其中开发性的视野和交际能力必然需要通过英语科学的学习来获得，至少这是一个较为必要的途径。在此背景下，高校英语教学的改革内容必然包括对大学生学习主体的学习意识、学习方法、学习模式等的变革与创新。

（五）项目教学法有利于提高大学生的英语学习兴趣

其一，虽然大多数大学生已经具备一定的英语语言知识和运用能力，但是不少大学生的英语基础知识还不够扎实，还需要从很多方面加以补充和夯实。依靠项目教学法的整合能力，大学生能在教师的引导下快速实现对英语基础之上的提升，从而实现对这方面欠缺的弥补。

其二，依靠项目教学法的巨大促进作用，大学生的自信心将能得到进一步强化，对英语的学习动力将变得更为充沛。凭借项目教学法在英语教学中的稳定性、专题性作用，大学生能将定量性的学习计划更好地执行下去，这样不仅能稳步提升自己的英语知识和交流能力，还能在持续的项目化学习中不断获得英语学习的自信心，重拾英语学习的兴趣。

其三，项目教学法能提升大学生英语学习的自主能力、自控能力与修正能力。依靠项目教学法，大学生能更敏锐而恰当地捕捉到自己的学习进度、学习阶段和学习状态，能将自己的学习自主性发挥出来，并以思辨性的策略展开相应的学习节奏调控。

其四，在项目教学法的作用下，大学生能更好地从项目的角度展开对英语教学内容的思考，在实现英语知识与能力提升的同时，还能不断提高自己的英语思维能力。通过这个进程，大学生的智力素质将得到快速成长，英语核心素养也将得到明显提升。

其四，高校英语教师应在全面了解大学生的基础之上，以项目教学为抓手进行有针对性的教学设计，力求将因材施教的英语教学思想切实贯彻下去，从而实现对大学生英语学习能力的释放，让他们的英语自主学习能力尽快得到成长。

总之，大学生群体的英语学习能力参差不齐，教师应灵活运用项目教学法，将这种方法的多元化塑造能力充分释放出来，从而实现对大学生英语学习兴趣、自信心的提升，并从方法论上提升他们的英语学习策略、手段等，从而从根本上实现对大学生英语学习动力的塑造与优化。

(六) 项目教学法有利于增强教师的工作能力和信心

第一，不少高校英语教师受各种主客观因素的影响，会出现阶段性的职业倦怠感，甚至明显丧失教学进取心，工作能力得到减退，这时他们的教学就处于为"教"而"教"的状态。

第二，高校英语教师的教学理念应随时加以更新，因此他们应不时展开有针对性的教学理论、教学方法、英语课程知识等方面的学习与培训，这样才能让自己的教学水平维持在较高的水准，不会明显落后于时代，落后于英语学科的总体发展水平。

第三，高校管理者应积极提供基于项目教学法的英语课程培训机会或途径，这样才能让高校英语教师的教学思想、教学方法、教学内容、教学状态始终维持在较高的水准。通过这些措施，高校英语教师的工作能力就能得到良好维持，工作信心也必定处于较佳的状态。

第二节 二语习得下高校英语项目教学法的应用实例

一、项目教学法在高校英语教学中的实施原则

（一）活动为先的原则

二语习得理论影响下的项目教学法在高校英语教学实践中是一个重要的切入点和应用要点。教师应从项目教学法的指导原则出发展开各种类型教学情境构思、设计与实施，从而获得最逼真而真实的英语语言习得与训练效果，从而提升大学生的英语交际交流能力。在项目教学法的不同实施路径中，高校英语教师应从近期的实际教学内容展开设计，一般是将大学生的日常生活场景与教学内容整合起来，从而形成富有班级化、群体化和专题化的项目教学内容体系。在建构该体系的过程中，教师应从二语习得理论出发，以活动为先进行教学活动设计，特别是应将这一思想落实到项目教学内容体系开发的每个环节上，并将从构思、设计、配置与实施等层面开展项目化操作。在项目化方案加以实施的过程中，教师应积极收集二语习得下的项目素材资源，力求让自己的项目化方案设计变得更为科学、合理，这样建构出来的项目教学内容体系将变得更为适切可用，能为二语习得法下的英语课堂教学发挥出更大的功效，让大学生获得更好的英语学习或习得体验，收到更好的英语学习效果以及交际交流效应。

（二）任务为核心的原则

第一，任务为核心的原则是二语习得下高校英语教学设计的重要指导性方针。高校英语教师在进行项目教学内容体系设计时，必须将任务作为核心的思考目标来加以对待。通过这些不同任务的组合，英语教师就能将单元

性、学期性的教学任务加以细分，从而更高效地完成整个学期的教学任务，大学生也能在此进程中高效地实现对英语知识的学习以及对能力的提升。在项目化的高校英语教学体系中，项目始终是关键，而且通过成系列的细分任务的执行，高校英语教学内容也能顺利得到贯彻落实，二语习得下的项目教学体系也自然得以建立。

第二，在项目教学体系得以塑造的过程中，大学生个体要全过程参与该进程，每个大学生都应主动深入项目，从分析项目、调整项目、执行项目等流程入手，从各个细分环节上来落实教学任务，从而达到对教学内容（项目）的整体性实现。这些种类多样的项目化教学内容能极大地激发大学生的英语学习动力和兴趣。由于这些多元化的任务内容、属性、特征等方面的差异，教师或大学生在择取任务时，应从这些方面加以区隔和甄别，从而选择出最适合的任务进行教学和学习。

第三，大学生在遵照项目教学法的原则进行英语学习时，要从自主性、协作性等展开设置和落实，从而获得较好的二语习得教学效果，让自己的英语语言能力得到快速提升。

(三) 大学生作为课堂主体

第一，二语习得下的项目教学法是以大学生为课堂教学的主体来展开构思、设计与实施的。教师应从全方位、全过程的二语习得理论和实践高度展开项目教学法下的高校英语内容体系。大学生将在自主自为的项目性教学活动中逐步形成主动的积极的英语学习方式。

第二，英语教师在开展项目化教学设计时，既要确认自己所择取的内容是否与符合课程标准的要求，又要从是否适合大学生的学习习惯来加以甄别，比如从认知水平等来确立所择取的教学内容是否符合大学生的学习要求。

第三，英语教师在创设二语习得下的项目化教学内容时，不仅要使所设计的英语课程内容与相应教学素材、项目化主旨等相适应，而且必须将其设置于大学生的社会经验与认知水平的基础上。

第四，教师在展开二语习得下的项目教学法为核心的设计时，还应从大学生所学的专业展开调控，力求从专业性、学科性、行业性、社会性等层面将项目化的教学内容变得更加适用，贴切且生动。

总之，教师在进行项目化教学设计时，不仅要从课程内容上与项目深入结合，而且要将大学生的情感、思想和项目深度结合，从大学生的主体性角度建构出英语教师的教和大学生的学的合力。这样就能更快地实现教学模式与学习模式的转变，让大学生的主体性价值得到体现，并取得英语学习效果。[①]

(四) 从递进性展开任务探究的原则

高校英语教师在展开项目教学法为核心的教学构思、设计与实施的过程中，应秉持递进性的原则，从而获得富有科学性、现实性和亲和性的项目化教学内容。一般来说，教师应从以下这些方面加以展开：

第一，从难易适中的原则进行项目化教学的递进性设置。在二语习得下的教学设计中，教师不仅要自始至终将课程标准所规定的高校英语课程教学内容切实贯彻，而且要将课程标准规定的知识点、能力训练内容等加以涵盖，并适中从难易适中的高度完成教学设计。这是因为英语项目教学的设计、实施都应按照由易至难、层层递进的思路来展开，从而实现"由初级任务到高级任务并由高级任务涵盖初级任务的循环"[②]，进而获得项目化教学设计与实施的良好效果。

[①] 穆蔓青.项目教学法在大学英语写作教学中的实践研究[J].课程教育研究, 2017(16): 126.
[②] 康莉, 杨丽.大学英语课程项目教学刍议[J].长春理工大学学报(高教版), 2008, 3(2): 29-30.

第二，英语教师应以二语习得下的全要素思路展开设计，从而获得全过程性任务体系，以高完整度开展英语项目化教学，并获得符合大学生认知规律的英语教学与学习模式，让大学生在该模式的作用下获得较好的英语学习效果。

(五) 项目教学法与实践紧密结合的原则

第一，二语习得下的项目教学法能使将教学主体的现实生活整合到项目化的教学场景中来，从而获得现实性的、职场性的、岗位性的英语实践效果以及交际效果，这样的学习情境能快速提升大学生的英语学科素养。

第二，英语教师应采取必要的手段、措施让大学生自主地将英语学习与现实生活整合起来，从而让自己设定出来的英语项目教学内容变得更有亲和力、渗透性。项目教学法指导下的高校英语教学极为注重对大学生人文素养的提高，为此教师应将人文知识、英美国家文化等作为重要的教学内容，并以此开展英语课程设计，从而获得较好的融合性教学模式。

(六) 以互动性进行情境创设的原则

第一，教师在进行英语课堂设计时应注重体现出互动性，为此英语教师应从教学情境上进行互动性的活动设计，这样才能更好地将互动性加以体现。教师通过各种类型的情境创设，将大学生正面的学习情绪调动起来，从而赢得最佳的教学主体协作关系以及二语习得学习效果。高校英语教学的构思、设计与实施既必须展现出高等级的可操作性、创造性特征，又必须展现出强烈的实践性、互动性典型特征。[①]

第二，英语教师在开展项目教学法为宗旨的高校英语课堂教学时，应

---

① 林珊羽.项目教学法在应用型本科院校旅游英语教学中的应用初探 [J].吉林农业科技学院学报，2016，25(2)：105-107.

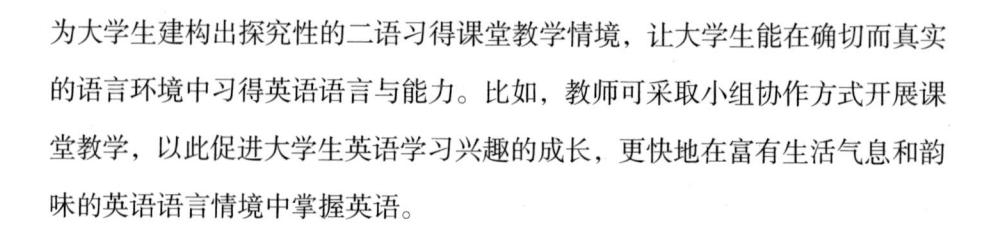

为大学生建构出探究性的二语习得课堂教学情境，让大学生能在确切而真实的语言环境中习得英语语言与能力。比如，教师可采取小组协作方式开展课堂教学，以此促进大学生英语学习兴趣的成长，更快地在富有生活气息和韵味的英语语言情境中掌握英语。

二、项目教学法在高校英语教学的实施流程

(一) 教学情况简介

1. 教学材料分析

这里的教学材料采用的是《新视野大学英语（第三版）视听说教程3》，节选的内容为"Unit 4 What's the big idea?"

2. 教学目标分析

大学生能通过英语交流，顺畅地实现对发明创造以及新技术等有关话题的表达与交流。英语教师应引导大学生精准获取说话者所表达的信息，有效记录交流中所涉及的词汇、表达等。在此基础之上，大学生能在本课内容的训练下展开对发明创造类型问题的英语思考、分析与交流。

3. 教学重点及难点分析

本节课的教学重难点是科技方面的词汇。这些词较为生僻，大学生在记忆和应用时有一定的难度。教师应引导大学生描述、分析和应用这类型词语。

(二) 教学过程

项目教学法实施的准备阶段（教学阶段：第一周；教学时间长度：40~50分钟）：英语教师通过教学工具、教学策略等引出新单元的内容，比如，英语教师可通过本节内容的视听练习让大学生深入理解本节内容，并记忆相关

英语语言知识。本节的项目教学可划分为以下几个环节：

1. 选择项目(教学阶段：第一周；教学形式与时间长度：课内 25 分钟)

第一，教师根据教学话题对大学生展开小组划分，以便大学生组内讨论。教师可根据大学生所学专业、学习兴趣、项目主题等的差异分组，以便获得更好的组内讨论效果，更好地激发出大学生的英语学习兴趣，巩固自己所学的专业知识。英语教师在对二语习得下的项目性教学内容以及教学形式做出总体性规划后，组织大学生以组内协作学习、组间讨论的形式就能将具体细节发展出来，并让每个大学生获得良好的英语学习效果。

第二，教师在开展二语习得下的项目教学设计时，所选择的教学素材要能拓展大学生的想象力，以及培育大学生发散思维等。例如，有些小组就以讲故事的形式开展英语交流，有些小组就以新闻报道的方式来开展英语交流，等等。按照这种小组学习、讨论的方式，大学生就能获得更好的英语项目教学与学习效果。需要注意的是，每个小组在选好本组的项目学习内容后，应向英语教师汇报所择取的项目选题内容，英语教师应安排人做好记录。

2. 项目设计

(1) 教学阶段(第一周；每次教学形式与时间长度：课内 20 分钟 + 课后)

大学生自主完成项目选题所设定的设计方案。该设计方案主要内容如下：第一，二语习得下的项目内容展示形态、项目社会价值等。第二，二语习得下项目得以实施的具体流程以及时间安排。第三，二语习得下项目得以顺利实施的重难点以及相关的化解措施。第四，大学生个体完成二语习得下教学项目中每一步骤所获得组内支撑等。第五，大学生对二语习得下项目成果的简要介绍。第六，大学生个体对新闻报道内容的制作，如果为视频，一般时长应控制在 3 分钟之内，内容应具有简洁、创新等特点；视频应尽量为全英文讲解，或者以英文讲解为主，辅之以图文说明即可。

二语习得下英语教学项目得以实施的具体步骤以及具体的时间设置。项目执行第一周：1~2天，具体任务为查找项目相关资料，将涉及的重难点内容与视频内容等整理出来。3~5天，大学生以个体或小组形式攻克重难点，然后以正确的英语语言将报道内容整理出来。6~7天，大学生个体或小组制作视频，须配以英文语音等。

(2)教学阶段(第二周；每次教学形式与时间长度：课内20分钟+课后)

①主要任务：第一，大学生以个体或组内代表形式对项目内容加以展示与评价；第二，大学生以个体或小组形式课后完善项目的各项任务，并推介制作完毕的英文视频。

②确立二语习得下教学项目的重难点与相应的化解方案。第一，查找与本项目教学课题中相关的科技类英文专有名词，并适当解读其含义；第二，大学生应以精准的英语发音为视频配音，为了确保能达到这个标准，大学生应以个体或组内协作的方式反复练习，并相互纠正、提升对方的发音。

③教师应确保小组分工的科学合理。第一，全班大学生全员进入二语习得下教学项目内容的学习，但可以不同小组完成不同部分的形式具体展开，比如有的小组主要负责资料查找，有的小组主要负责语言整理、修改等，这样每个小组都能全过程参与项目的学习，又能有所侧重、有所突出，加快项目化教学的进度；第二，教师应引导各小组以分工形式完成部分任务，比如对英文视频的制作，在课堂上对二语习得下教学项目教学成果的展示与讲解，以及对各个细节的检查与纠正等。

3.项目实施(教学阶段：第二周；每次教学形式与时间长度：课外)

第一，教师应在二语习得下教学项目实施阶段进一步做好监管工作，让大学生能以组内协作，组际交流的形式完成任务，在科学合理分工的基础之上形成积极、自主的学习态势，以良好的团队精神促进彼此对项目教学内容的完成。大学生个体也能在此进程中实现个体能力的成长和交际交流能力的提升。

第二，教师应协调、维持各小组的团队荣誉感，不断激励大学生深入钻研项目教学的内容，同时教师应放开手脚，鼓励大学生创新，让大学生的小组学习变得更加有活力，有成就。在二语习得下教学项目得到实施的整个期间中，每个大学生都应展现出最大的自主性，这样才能让每个大学生的学习动力得到展示，学习潜能得到释放。课外阶段在项目实施中占据了很大部分，因此教师应对这部分的工作加以监管，比如，英语教师可通过英语课外学习平台随时查看大学生对项目完成的进度、项目设计的调整及其调整缘由，大学生学习成果的反馈以及需要的帮扶，等等。教师还可通过课外学习平台及时提醒大学生的学习，及时提升他们的教学项目学习效率。

4. 项目成果展示（教学阶段：第二周；每次教学时间长度：45分钟）

第一，各小组展开二语习得下教学项目的学习成果展示，各小组发言代表进行全英文讲解。其他大学生一边聆听代表学生的讲解，一边思考讲解者所讲的内容是否正确、充分，展现出来的英语水平是否达到了教学的要求，发言代表的语言能力是否得到有效挖掘和发展。

第二，每名大学生应在听讲的过程做好相应的笔记，以便在随后的评价环节给出科学的、公正的评价与意见。

5. 项目评价（教学阶段：第二周；每次教学时间长度：15分钟）

项目化教学的评价主要包括以下这些类型：一是大学生个体的评价；二是教师评价；三是自我评价与反思。其详细过程如下：

第一，英语教师与全班学生根据不同小组项目化学习成果，展开科学合理的大学生个体的评价与评分（评分结果可采用评价表的形式加以记录和收集）。可从以下两个层面展开。其一，从项目内容层面展开评分。教师与大学生一起就项目所涉及的话题展开新颖性、社会性、丰富性、逻辑性、完整性角度的评比。其二，从语言表述层面展开评分。其主要体现在以下这些方面：

一是发言代表的肢体语言是否得到恰当运用，用词是否精准，语速是否流利且是否与所展示的内容匹配；二是发言代表是否采用了辅助手段展开讲解，所采用的辅助手段是否达到了对表达效果的优化；三是发言代表是否将组内成员所具备的大致语言能力、学习方式、学习态度等得到了真实体现。

第二，教师还要从自己所发现的信息出发展开教学层面的评分，比如对每个大学生的项目化教学参与情况展开评分，对小组内的协作学习情况展开评分，对每个大学生的学习态度展开评分，等等。

第三，大学生个体还应展开积极、客观的自我评价与反思，以便对自身在组内学习的状态、价值等展开更为精准的把控，从而获得更好的英语语言学习上的进步，以及对各类问题的化解等。

6. 项目后的教学阶段（教学阶段：第二周；每次教学时间长度：30分钟）

第一，英语教师应从各方面鼓励大学生就二语习得下教学项目的内容展开积极的讨论，让大学生以良好的英语表达展开对学习成果的分析、回顾与评价。对每个大学生而言，如果他们想要表达自己对相关问题的看法，不仅要对该问题的表述、情况等进行必要的记录，还要共同探究英语语言的必要素材。英语教师应从各个方面肯定每个大学生的学习势头，并让每个大学生都能敞开胸怀，积极从其他人的作品中实现英语能力的提升，以自身的英语学习成就感催生出更充分的学习动力。

第二，在项目化的英语教学过程中，教师应根据不同的主题或话题设计出相应的教学环境，以便将项目教学法与二语习得法则整合下的优势充分体现出来。大学生也就能在这样的教学环境或氛围中实现自主性的探索，对项目内容展开深入思考，并结合信息化工具拓展出更为有效的英语交流方式和阐述途径等。教师应深入研究二语习得下项目化教学的各种模式、思想方法、执行流程等，并结合当下的教学内容展开项目教学实践，让大学生的英语学习热情更好地释放出来，最终全面提高大学生英语能力。

第三节 二语习得下高校英语项目教学法实施优化建议

一、完善实践性教学环境

在二语习得理论指导下，高校英语教师应从本班级的实际情况出发，将既有的教学素材、教学内容在项目教学法的综合下加以优化处理，从而将各主客观因素的最大价值发挥出来。项目教学法在二语习得理论下对其他教学要素的融合，取得了相得益彰的教学效果，将二语习得理论、项目教学法、教学内容等的潜能都发挥了出来，其中高校和教师应不断对教学环境加以提升，以便让大学生能更好地展开英语学习和交流交际实践。

(一) 建立高校项目教学实训室

项目教学具有很强的实践性，高校应从思想方法、教学工具等方面提升教师和大学生的项目化教学与学习实践能力。为此，高校应建立这方面的实训室，比如教师可在实训室中建构出模拟办公室、模拟工厂等，这样参与项目学习的大学生就可使用室中的电话、电脑等展开场景练习以及模拟性的英语训练。高校应拨出专项资金建设这方面的实训室，让大学生的英语学习变得更具有真实性与职场性，这样既能提升他们的英语学习与训练效果，又能提升他们未来在职场上的竞争力。实际上有些高校已经开展了这方面的工作，将空置不用的教师与一些淘汰的办公桌、电脑等利用起来，从而组建整合出来富有创新性的实训室，为二语习得下的高校英语教学发挥出了巨大作用。

(二) 丰富实践教学对象

在项目教学的各项活动中，高校英语教师可从大学生所属专业构建出同一类型的实训平台。以这类平台展开高校英语项目教学，英语教师就能通过贴近现实生活的情境教学让大学生快速习得英语知识和能力，并能在实践中得到更深刻的内化。在现实的英语交流交际中，以英语展开洽谈的双方都是因某种事由或因素碰在一起，然后才开展英语为载体的交流，对此英语教师的英语教学应以实践为中心，这也是项目教学的精髓。

（三）构建实践技能竞赛平台

第一，高校英语教师应从大学生所学专业出发，搭建以英语为交流语言的实践技能竞赛平台，这样既能让大学生以二语习得模式开展所学专业范畴下的英语习练，以英语语言载体的形式进一步内化本专业的知识与能力，又能从所学专业的角度展开对英语语言的拓展、提升。

第二，通过该竞赛平台的不断习得，大学生就英语水平能得到显著提升，并能在平台的作用下形成富有专业性、实践性、现实性的英语学习模式，并从语言思维的角度不断得到提升，达到新的二语习得境界。

第三，对高校管理者以及英语任课教师而言，应设置富有成效的以英语为参赛语言的技能竞赛项目，引导各专业的大学生来参与竞赛项目，让他们在持续的参与过程中提升专业能力。

二、完善项目教学法的监控

（一）开发项目教学法应用的课程管理系统

第一，项目教学法的执行是依靠多主体的整合得以顺利实施的，不仅需要校领导的大力支持，英语任课教师的全身心投入，大学生个体的全过程参与，而且还需要从教学工具层面加大努力，如此才能建构出更富有创新性的信息化的英语语言教学监控体系。依靠该监控体系，教师不仅能对大学生的英语学习展开有效监控，提高他们的学习效率，而且还能提高自己的教学效率，收到事半功倍的效果。

第二，依靠信息化的英语语言教学监控体系，高校英语教师能更有针对性地展开项目化的教学设计，并展开相应的教学实施，从而实现英语教学效率的最大化。信息化英语项目教学的实施过程不仅能快速建构出大学生的英语知识体系和能力体系，还能塑造出大学生良好的自主学习能力、自我监管能力。

第三，项目教学法是建立在建构主义之上的，教师在从建构主义学习理论展开项目教学设计时，应让大学生充分参与到项目化英语的教学进程中。教师可通过英语情境教学，将各类有效教学资源整合到教学项目上。高校英语教师可充分整合网络体系与其他教学工具，依靠各种技术力量将各类英语资源加以整合，从而形成英语教学资源库，大学生和英语教师就能通过网络加以利用，通过反复实践就能达到项目化教学的顺利实施，从而实现项目化英语教学课程体系，达到对英语项目化课程良好开发。教师应引导大学生对该教学课程体系进行项目性的评估，在获得科学合理评价结论的基础上，进一步充实英语的项目教学体系，让大学生获得更为系统而全面的英语语言与能力培育。

第四，高校英语教师应记录大学生个体所参与的项目化英语教学内容，并对各个阶段的记录内容进行归档，归档内容一般包括课前项目化教学内容的准备过程、项目化教学成果展示过程、项目教学最终成果档案，等等。这些档案资料既是大学生个体学习成果的体现，也是高校英语教师切实可用教学资源的来源。

(二)对项目教学法为核心的教学设计与实施过程加以规范

其一，高校英语教师应及时对项目教学法为核心的项目设计修正、调整,让项目教学法的潜在价值得到充分发挥,大学生通过对该方法的运用就能快速提升自己的英语语言学习能力。

其二,高校管理者与英语教师应重视对项目教学法为核心的项目加以充分展示,以便充分实现其教学教育价值。

其三,高校英语教师应引导大学生对后者在学习中遇到的各种问题予以必要展示,一般包括对项目进行时间、项目主题、项目内容、项目进行方式等,并就此确立这类项目的教学资源标准。这些资源不仅是各个时期大学生项目化英语学习成果的体现,也是教学双方成长经验的集中体现,高校应积极建构这些资源的具象储存,并将其作为本校不同专业英文化教学的不可多得的资源。

其四,高校应将英语项目教学评价加以规范化,具体可从项目评价内容、项目评价标准、项目评价主体、项目评价方式等层面来加以展开。此外,高校英语教师还应将大学生对项目教学法的支持度、认可度纳入评价范畴,以便获得更为科学、合理而全面的评价结果,英语项目教学评价体系的建构也将在此进程中获得持久的动力。

其五,高校英语教师对项目评价体系的建构过程也是对自身与班级内大学生项目化英语学习过程的反馈。这种反馈性的项目评价是通过以下这些方面得到呈现的:参与英语项目评价的相关主体,参与英语项目评价的相关对象,纳入英语项目评价的具体内容,涉及英语项目评价的相关方法,等等。从参与英语项目评价的相关对象来看,英语评价的具体内容主要体现在两个层面:一是小组层面的英语评价内容;二是个体层面的英语评价内容。前者主要集中体现在组内成员的英语实践能力上面;后者自然是体现在大学生个体的实践能力上面。由此可知,小组层面的英语评价内容主要有以下三个层面的要素:一是英语学习项目的设计;二是英语学习项目的具体实施;三是英语学习项目的最终成果。小组层面的英语评价的核心是团队协作的问题，因此这类型的评价指标属于一级评价指标，而且主要是从英语学习项目的具体设计、英语学习项目的学习结果、小组内协作的情况这三个细化指标来加以体现的。以上这三个一级指标集中体现的不仅是小组内的综合性英语实践能力，还包括团队中彼此间的英语沟通能力与交际交往的协作能力。这些能力具有一定的独立性，能从定量和定性的层面建构。个体层面的英语评价内容一般会包括大学生的英语资源利用能力、大学生的英语项目学习能力、大学生的英语学习情感态度等。在大学生个体的评价内容中，大学生的学习能力是关注的核心要素，而且它还与其他很多要素有着紧密的关联性，比如，其与英语学习资源利用之间的关系，其与大学生的交流协作能力之间的关系，等等。从这个层面来看，英语学习资源利用、大学生的交流协作能力等要素可纳入一级指标。

三、引入校外考评机制

由于大学生所学专业以及未来职业选择需求上的不同，高校管理者与英语教师不仅应从本校才培养目标、本校教学力量等因素出发加以努力，力求本校的英语教学水平得到拓展，还要将校外的监督管理力量引入本校的教学与管理工作中来，以便更好地提升本校英语教学水平。

(一) 规范大学生的英语实训实习机制

第一，大学生通过高校英语实训实习机制能进一步巩固课堂上所学的英语知识，而且这种实训实习机制是具有跨行业、跨专业、跨语言的整合性。依靠这种机制，高校的英语教学就可以拓展成为校企之间的合作型教学等，从而获得富有本校特色的英语实训实习学习体系。

第二，课堂教学对英语专业技能的培育与在企业等机构中的英语实训培育所得到的教学效果是完全不同的。以校企合作形式开展教学能让大学生得到更好的英语培训体验，大学生在获得英语语言技能提升的同时，还能获得所属行业、专业层面能力的提高，并以融合性的方式整合这些不同的要求。高校英语教师应定期引导大学生展开跨行业、跨专业、跨语言的实训实习，让大学生在这样的活动中获得英语综合能力的提高。

（二）建立职业资格参与学分的考核机制

高校可将项目教学法引入大学生职业能力培育机制之中，如此就能在不断提升英语教学效率的同时，还能通过与英语能力相关职业资格证书的获得来体现大学生的英语能力与水平。该类职业资格证书的获得能将大学生的职业生涯规划、就业岗位的选择密切联系起来，让高校英语教学变得更具有现实性、行业性和职业性，高校英语教学模式与人才培养模式也将随之发生变化，这其实也是高校英语教学改革的重要方向之一。通过有些高校的英语能力职业资格证书实践效果来看，英语相关职业资格证书的获得可以纳入高校学分机制之中，从而促进大学生更积极地开展这方面学习，尽可能地获得这方面的资格证书，取得学业上的成功。

四、重视教师队伍的培养

高校英语教学对大学生英语能力的培养体现出了以下这几方面的特点：一是语言性；二是职业性；三是专业性；四是实践性。针对这些特点，高校还应对英语教师开展相应的能力上的培育。为此，高校可从双师型教师的打造来提升高校英语教师的教学能力。

（一）选派高校英语教师进入企业见习或兼职，提升其综合性教学能力

第一，高校应以双师型教师为原则开展有效的英语教师培育，从培养策略、培养措施等层面具体落实，从而实现对高校英语教师的良好培育。双师型教师的培养一般采取校企协作培养的方式进行。

第二，当前大多数高校都运用专业性的企业合作教学模式，但是这样做还不够，高校在强化校企合作教学模式的同时，还应组织高校科任英语教师到企业开展更有针对性的职业性、专业性的教学交流，以便更好地从英语教学的角度开展校企间的深度英语化教学，探索出更多富有行业性、专业性的综合性英语教学模式，从理论和实践上促进高校双师型教师的培养以及双师型教学模式的发展。毕竟，只有教师深入社会各界了解真实的英语人才用人现状，深入了解企业等在实训实习教学环节中的真正作用，才能在后续的教学中予以适当的纠正与调整，从而获得更好的英语教学效果。

(二) 组织英语专业教师培训进修

第一，高校需定期安排本校英语教师展开双师型标准下的专业与教学方面的定向培训。通过这些富有针对性的培训，双师型教师的英语教学能力、职业知识以及相应的实践能力都能得到提高。

第二，高校应开展富有本校特色的英语教学技能培训，一方面高校应提升英语教师在教学实践上理论认识与操作能力培训；另一方面，高校英语教师应不断提升自己的教学技能，为"英语+专业"的实践培训教学的良好开展提供巨大帮助。高校应从各方面激励英语教师参与各类与双师型教师职业资格证书有关的证书，以此不断提升高校英语教师的英语教学水平与职业技能。

(三) 直接引入企业人才担任双师型英语教师

第一，高校可从相关企业直接引入师资人才，以便扩大高校的双师型人才队伍。高校管理者应与相关企业展开人才交换合作，比如企业可派人员进入高校展开专业性的实践教学，指导英语教师深入了解不同专业条件下的英语教学；企业人员可通过网络就行业最新情况与高校英语教师进行交流，并对相关行业、专业的课堂教学、实践教学进行深度交流，这样高校英语教师能对最新的行业状况有所了解，并从专业发展的角度展开英语语言层面的思考，有助于其教学水平的提升与研究课题的开展。通过这种交流过程，高校和其他各界之间的交流变得更为密切，并在跨行业、跨专业、跨语言的交流交际中实现了教育教学空间的拓展。

第二，高校应充分运用现代技术展开对英语教师的双师型培养，以便更高效地完成高校的教学任务，顺利达成对双师型英语教师的培育。高校可通过远程教学方式让企业人员与英语教师展开线上交流，以工作视频等形式展开项目交流，促进双方对项目的理解与实施。高校还可邀请企业人士到校内展开演讲，英语教师与大学生就能通过这些交流活动更精准地知晓当前的社会动态、职业动态，邀请企业人员来高校展开专题演讲，实现对高校师生综合性能力与素养的培育；高校还可采用视频连线等手段形式来拓展本校的英语教师培训体系，切实提升他们的实践性能力。

（四）打造校内跨专业教师教学合作团队

第一，高校应加大力度培育与发展双师型教师，弥补高校师资力量的欠缺。很多高校英语教师拥有较强的理论知识，而英语教学实践能力、英语交流交际能力则较差等，这些方面的欠缺则会影响高校英语教师教学能力的发挥，高校的双师型教师队伍建设也难以快速形成。

第二，高校应从跨专业的角度建设双师型教师队伍。跨专业不仅是教学理念、教学策略等的跨越与拓展，也是教学工具、教学技术的跨越和整合。

第三，高校英语教师不仅要不断提升自己的英语综合能力，还要从跨专业的角度提升教学能力，在确保既有教学水平的基础之上，从创新创造的角度不断探索项目化英语教师的新模式。

(五) 组建专职教师为主，企业兼职教师为辅的专业英语课程教师队伍

第一，高校管理者应从科学合理的原则出发，聘请高水平的企业人员进入英语双师型教师队伍，以此提升高校英语教师的双师型教师比例，从而实现高校英语教师的教学素养与综合性能力。

第二，单纯凭借企业人员组建双师型教师队伍，扩大项目化英语教学策略还远远不够，还要从组建范围广泛的本校专业化的教师队伍，其组建宗旨为"以专职教师为主，以企业人员为辅"，按照这个思路就能更好地建构出专业化的英语课程教师团队。依靠职业化的双师型英语课程教师团队，高校二语习得理论指导下的英语实践教学水平就能得到保证，并形成富有创新性的常态化的高校英语教学态势。

五、综合使用多种教学方法与活动

随着高校英语教学在二语习得理论下的深入探索，项目教学法已成为切入高校英语教学的重要途径。高校英语教师应从实践性的角度展开对项目教学法的挖掘、分析与应用，这不是实践这种课程教学方法的全部，其他的教学方法依然在实践课程的教学中发挥着重要作用。比如，很多传统的英语教学法能够按部就班地让教师完成教学任务，指导和帮助大学生顺利地完成学习项目。其他教学方法如情景教学法等，除了能极大地辅助大学生英语学习，还能对项目教学法的高效应用起到良好作用。实际上，无论是高校英语教师还是大学生，他们在应用项目教学法展开英语习得时，应从交叉应用的角度开展教学设计与学习实施，这样才能让高校英语教学得到更好发展，教学效果也才能变得更优化。

（一）交替使用项目教学法与传统讲授法

第一，有些高校英语教师对项目教学法的应用还处于较低层次，难以将高校英语教学法的潜能和能量发挥出来，这是因为这类教师所采用的项目教学法太过简单，并未达到对各种教学要素的创造性整合，也未实现最佳效果。为此，高校英语教师应在确保课程教学真实性、现实性、应用性等基础之上，展开项目化教学的效果。

第二，高校英语教师不仅要深入领会项目教学法在二语习得理论下的英语课堂教学应用，而且要以交替整合的方式展开英语课程教学，这样才能更好地形成跨语言、跨行业、跨专业的实践性课堂教学模式。比如，教师可通过二语习得模式下的项目教学法清晰地梳理每节课的英语知识内容，以及所涉及的行业知识、专业知识等，然后通过项目化教学巩固上节课所学的各项知识，进一步夯实英语语法、句型等方面的知识。在项目化巩固学习时，教师可引导大学生细分每个项目，并对每个细分项目展开模块化的学习与管理，最终让大学生建构出模块化的英语知识与能力体系。

（二）开展多种实践教学活动

第一，由于很多高校采用的项目教学太过单一，对英语知识、英语能力的贯彻并不彻底，效果也不是很明显。在此情况下，很多大学生对单一性的项目教学法并不认同，觉得对自己的英语学习效果不大。对此，英语教师应有针对性地调整，即根据不同大学生的学习情况制定相应的项目教学法综合应用策略，将其他有益的教学方法整合到项目教学法之中，从而让大学生个体获得更佳的英语语言与能力学习情况。

第二，娴熟的项目教学法的综合性运用一般需要的时长为1~2周，大学生不仅要有较好的自主学习能力，还要有优良的自我管控能力，如此才能将其他教学方法整合到项目教学法之中,在改变单一项目化的同时,促进自主实践性学习能力提升,确保学习效率的有效提高。

第三,教师可在遵循二语习得理论的条件下,以多维行动引导、项目教学法与任务驱动法等相结合,实施各种项目化的英语实践活动,例如,英文为交流语言的企业年会等,这类型英语教学活动能促进大学生英语学习的积极性,更好地掌握英语知识与能力,促进大学生英语核心素养的提升。

第四,高校英语教师应根据二语理论,将项目教学原则与教学内容融合起来,以相互适切的方式将项目教学法的效果体现出来,从而实现最佳的英语课堂教学效果。[①]

六、增强大学生自主协作学习的意识

(一)培养大学生自主学习意识

第一,大学生应从个体差异性的角度来思考项目教学法的应用,力求将这种方法的实践性、协作性潜力挖掘出来,以便更好地塑造出大学生的自主学习能力。

第二,单纯提高英语教师的英语专业知识以及相应的教学实践经验,还难以实现对项目教学法的真正改进,高校英语教师既要重视对教学技能等改进,又要积极整合大学生的学习模式、学习能力,如此才能将大学生的英语学习能力更好地催生出来。

第三,二语习得是建立在良好的自主学习意识之上的,通过项目化教学与学习,大学生的自主学习意识将得到提高,经过反复训练,大学生的自主学习能力将得到显著提升,从而实现对英语文化知识的吸收,更好地适应社

---

① 吴静.项目教学法与任务驱动教学法的异同比较[J].北京工业职业技术学院学报,2011,10(03):79-82.

会的变化。

(二) 加强大学生协作学习意识

第一，小组学习是以组内成员的协作形式展开的，为了确保彼此之间的合作能以高效状态进行，教师应就小组成员展开合理分配，让他们所担负的工作要有互补性；组员间能分享彼此获得的教学资源与学习信息等；组员之间要随时进行信息交流，以便获得更好的整合性学习效应，实现成员间的高效协作与互动，保证项目学习的顺利展开。

第二，大学生应强化自身的协作意识，从二语习得理念出发，提升自己的协作意识与合作技能，要从团队建设角度展开协作意识塑造，如此就能打造出大学生的良好合作能力。

第三章　二语习得下高校英语翻转课堂教学新探索

第一节　翻转课堂的相关概念界定

一、翻转课堂的基本概念

翻转课堂在英语的表达为"Flipped Classroom",该教育模式发端于美国。典型的翻转课堂的定义有以下几种：

第一，翻转课堂是在信息技术的支撑下，教师与学生以彼此协作的关系开展教与学，并让学生在信息技术的帮助下学习和内化知识，在这个过程中，教师与学生之间的时间分配、角色关系等并不是固定，会随着时空的变化而变化，从而体现出课堂教学的翻转性、动态性等。

第二，翻转课堂指的是教师在法律规定的教学场所（一般为白天）给学生传授知识，学生回到家中以做作业形式对课堂上所学知识的自主性内化，通过这种课内外的知识的学习，学生就能获得良好的知识习得。教师也能在这个过程中建构出新型的课堂教学结构。

第三，所谓翻转课堂，指的是教学主体在信息化条件下，教师应提供可被有效应用的各类教学资源（如视频等），让学生在课前对这些教学资源进行学习、研讨，然后师生可共同在课堂上协作实现对问题的化解，对任务的探究，并以协作交流的形式展开对这种教学模式的塑造。

本书认为所谓翻转课堂指的是教师在信息技术的帮助下，自己先展开课堂教学，然后学生再进行学习的模式。在这种教学模式中，教师可根据情况对教学任务展开重新安排，力求让学生以自主的方式学习。

二、翻转课堂教学设计的特点

(一) 以学生为主体

从传统的观点来看，教师的课堂教学过程就是学生被动吸收各类知识的历程。但在信息化的翻转课堂中，大学生是自主建构知识者，是学习的主体。在正式开始上课之前，大学生要进行自主性的预习，从自身的情况出发制订出合理的学习计划，这样就能让新旧知识形成更好的联结，促进大学生翻转课堂学习能力的提升。以学生为学习主体的原则更体现在对知识加以内化的环节上。教师要从每个知识点或问题出发，鼓励大学生开展积极而辩证的思考，独立化解各类问题，或者以组内讨论的形式深入辨析，寻找到最精准的解答方法。

(二) 精心设计教学视频

第一，翻转课堂教学视频的信息应尽量精准而简要，时间不能太长，这样才有助于大学生学习和内化相关内容。教师在开展翻转课堂教学时，应在几分钟到十几分钟内将所要讲述的内容以视频形式阐释清楚，时间太长既不科学也不合理，会影响其他教学步骤的实施。教师在进行视频设计时，要提升自己对问题的针对性，最好是一个特定问题设计、制作出一个视频，这样不仅能提升视频内容的针对性，而且也便于查找。时间长度较为适宜，更有助于大学生注意力的集中，能更好地促进大学生的身心发展。教师可通过网络将自己制作的翻转课堂教学视频发布出来，让更多的大学生看到，从而实现对其二语习得下自主学习能力的塑造。

第二，教师在制作教学视频时，还要在每个视频之后辅之以问题，数量一般4~5个。这些问题可帮助大学生更好地理解所学内容，并对自己的学习进行自我检测以得出最精准的判断。如果大学生对自己的回答不够满意，还可再回头来看一次，认真思考哪里出了问题，以及如何弥补或改正。在这样的回答过程中，大学生不仅要按照二语习得理论来思考这些问题的实质，而且要从云平台的技术要求来处理这些问题。教师还要引导大学生进行学习评价，以便大学生随时根据自己的学习结果展开学习方法等层面的调整。

(三) 教学整体性

在进行二语习得理论与翻转课堂教学模式整合的英语课程教学设计时，英语教师的课前准备不仅要关注该节课所教的内容，还要思考班内大学生的状况，特别是每个大学生在课前、课中与课后这三个环节展开准备情况。英语教师须思考的问题不仅包括大学生的学习方法、学习进度，还包括学习效果，等等。英语教师应为大学生创设各种类型的英语学习活动，并逐渐发展出富有创建性的教学体系，获得整体性的教学效果。

(四) 分层教学

第一，教师在以翻转课堂、二语习得理论展开融合性教学时，要从学校教育条件差异性、大学生个体差异性等出发展开分层教学。

第二，教师在进行分层教学设计时，对那些英语水平较低、基础知识不扎实的大学生，应进行个别化的分层教学，有针对性地开展分层教学，实现对大学生自信心的提升以及对学习成就感的夯实。

第三，对于英语知识掌握牢靠、能力出众的大学生，英语教师可从更具有挑战性、更有深度的高度实现对这类大学生的培育。

(五)精心设计问题

第一,教师应从特定问题和任务展开翻转课堂教学模式探索,力求设计出最适切的课堂教学设计并加以实施。教师在进行翻转课堂创设时,应从问题类型、问题形式等展开精准设计,从而发展出富有创造性的教学思路,并在实施中不断加以修正,最终达到最适切的程度。

第二,教师在分析问题、开展教学设计的过程中,要积极将大学生纳入整个进程中,教师能更精确地知道大学生个体知识上的欠缺、思维上的特点、学习方法上的差异等,同时引入大学生的智力因素,让他们积极参与教学设计,这样设计出来的课堂教学将变得更有针对性和进取性。

第三,教师应从课程内容的性质出发,从问题的形式出发进行多样化的教学设计,从而实现更好的情景化教学、任务性教学、项目化教学等。此外,大学生还能在这个过程中,实现对英语问题的自主探索,以高效状态实现对英语课程的主动习得。

(六)课堂点评与组织讨论的独特性

第一,教师在实施以二语习得原则所展开的课堂点评时,可从教学内容重难点、大学生作业等方面入手,这样会让课堂教学的反馈环节变得更有针对性,而且能让大学生更好地融合课堂教学之中,获得更好的教学效果。

第二,点评教学环节的教学设计是很多的,比如教师可引导大学生以小组形式展开讨论,然后进行有针对性的点评,这样的点评效果更佳。为了获得更好的点评效果,教师还须采用多样化的教学策略,比如,教师可采用最佳匹配的策略,让各种教学要素能够获得最佳的输出效益。教师应从翻转课堂性质与翻转课堂的特点等出发展开最佳的教学要素匹配,如此就能获得最优异的教学效果。以下是一些典型的匹配策略:其一,将具有依赖性的大学生与行业、专业精英人士加以匹配，从而提升大学生翻转课堂教学的主导性、自主性；其二，将以兴趣性展开英语习得的大学生与擅长兴趣激发者加以匹配，从而形成富有激励性的学习团队，从而获得良好的兴趣型翻转课堂教学模式；其三，教师应对参与翻转课堂教学的大学生与教学促进者展开匹配，经过反复实践，就能获得二语习得下的翻转课堂教学模式；将具有显著自我导向性的大学生与擅长二语习得理论导向的翻转课堂教学顾问加以匹配，从而形成富有自我特色的翻转课堂教学模式；等等。教师应对不同策略加以整合应用，这样翻转课堂体系就能得到更好创建，教师也能更好地对大学生因材施教。由此，教师还可将上述内容向自我导向策略方向拓展：教师可从大学生二语习得过程中所处的不同阶段开展课堂教学匹配与设计，其顺序大致为"依赖性—产生兴趣—参与—自我导向"。其所对应的教师角色则为"教练—兴趣激发者—学习促进者—顾问"。

三、翻转课堂与传统课堂的区别

(一) 翻转课堂下的自主学习与传统教学中预习的区别

从传统教学模式来看，教师在引导大学生预习时，要先让大学生有效了解下堂课的教学内容，不能让大学生以懵懂不知的状态进入课堂，不然就会影响英语教师的教学发挥，甚至难以完成教学任务。预习在大学生学习英语知识、形成英语语言能力的过程中是极为重要的学习手段，通过这种手段大学生就能预先在头脑形成英语知识的印象，或者一些疑问，这样就能在课堂上更好地获得二语习得理论下的英语知识，进而形成良好的英语交际交流能力。二语习得理论指导下的翻转课堂的预习则有着自己的含义和做法，比如，教师可根据二语习得理论的精神将多元课程资源充分运用起来，引导大学生自主学习，自发自为地吸收英语知识、经验，并高效地形成英语交流能力。对高校英语教师而言，他们更应从二语习得理论法则出发展开"导学案"的构思与设计，大学生就能在该类"导学案"的引导下，更高效地实现对英语知识的"学""记""思""用"。受很多传统教学模式的影响，不少高校教师对预习部分的关注还远远不够，而大学生群体对该项任务也完成得并不好，一方面是因为英语教学资源不足，另一方面是因为师生间、生生间的交流互动不够顺畅，限制了对预习环节任务的高质量达成。教师在以二语习得理论方法展开高校英语教学时，应鼓励大学生以自主自为的方式根据自己的情况进行任务单设置，然后以此展开学习时间的安排，以及学习进度的调整，从而实现师生间的英语教学沟通，以及生生间的英语学习交流等。

（二）翻转课堂下的课堂教学与传统课堂教学的区别

第一，教师可采用传统教学模式对大学生展开英语知识的灌输。教师采用传统教学时，几乎总是按照部分到整体的流程来得到执行的，并且很多教师最为注重的就是英语基本技能、基础知识的灌输。不过这种教学模式耗费的时间较多，教学效率也不高。进入21世纪，大学生吸收的知识与其他信息越来越多，因此学业变得繁重起来。在此背景下，高校和英语教师提出了诸多新的教学模式，翻转课堂与其他教育模式的融合就是其中最为典型的类型。比如，翻转课堂与创客教育的融合，就将"自下而上"与"自上而下"这两种教学思想整合起来，从而获得具有更强融合性的新型教学范式——"靶向学习模型"。[1]

第二，随着信息技术的发展，翻转课堂教学模式得到了更快发展，翻转课堂进入了2.0时代，具有了更好的操作性，英语任课教师的教学工作负担降低了。其主要体现在以下两个方面：其一，准备教学素材所耗费的时间

---

[1] 祝智庭，雷云鹤. 翻转课堂2.0：走向创造驱动的智慧学习 [J]. 电化教育研究，2016，37(03): 5-12.

减少了，设计翻转课堂教学模式所耗费的时间也下降了；其二，教师须不断提升自己的信息技术水平，以便能精准地运用翻转课堂技术开展英语教学，让自己的课堂变得轻松起来，同时依靠这些技术和努力，学校的信息化教学水平也将变得更高。随着5G技术的深入发展，翻转课堂已经发展到3.0技术时代，并变得越来越成熟。从某种程度来说，翻转课堂平台已成为一种具有跨语言、跨维度、跨地域的英语互联网学习载体。依靠该平台，英语教师或大学生可将优质课件或学习视频加以上传，被更多的人利用，同时在该平台的帮助下，大学生能更高效地开展英语学习，并根据自己的学情展开调整。而且大学生依靠该平台就能很快寻找到自己所要的预习资料，教师不再耗费巨大精力与时间，可以将更多的精力用于课堂教学本身。

四、典型的高校英语翻转课堂教学模式

（一）罗伯特·陶伯特的翻转课堂结构模型

这种结构模型是有美国的罗伯特·陶伯特所发明。其率先将翻转课堂教学模式应用到数学教学之中。经过反复改进，该教学模式变得越来越成熟，并获得了优异的教学效果。罗伯特·陶伯特在不断拓展自己所创翻转课堂的过程中，提炼出了翻转课堂的实施结构模型。

罗伯特·陶伯特的翻转课堂结构主要分为课前和课中两个阶段。第一，课前阶段。教师引导大学生观看教学视频，对英语基础概念展开理解，然后展开有针对性的课前训练。第二，课中阶段。其工作主要包括两个部分：其一，教师可用几分钟展开对大学生英语知识掌握情况的测试，从而知道大学生对这些知识掌握的情况；其二，教师引导大学生展开对疑难问题的理解和解答，促进知识的深度内化。第三，教师引导学生对所学英语知识内容展开归纳、总结和反馈。其具体流程如下。首先，每个大学生先要申请一个博

客，然后以自己的博客规划设计翻转课程，一般每周可规划2课时，实践为80分钟左右。其次，在课堂外环节，大学生应先从教师或网络等处找到相关内容制作出主题视频，然后以录屏软件发布到博客上。大学生在制作视频时，要对所学的英语内容有总体性的把握，并在高校英语教师的引导下展开对学习内容的所涉及知识、能力的深度探索，以自主学习的方式实现对内容的习得与巩固。然后根据教师的引导将制作好的视频在博客上加以提交、展示。最后，在课堂上环节，教师应安排5分钟时间做一些多项选择题，就此教师可了解大学生对这些基础英语知识的理解、记忆的情况。接着英语教师可用一些时间来化解大学生在学习中遇到的问题，时间为5~10分钟。剩下的时间则让大学生以小组形成展开学习，可通过互动活动等来加以展开，以此提升大学生们的学习效果，英语教师可在一旁加以指导。

(二) 河畔联合学区模型

这里的河畔联合学区模型发端于美国加州河畔联合学区。该翻转课堂模式是以 iPad 为平台开发出来的数字化互动性教材。这种翻转课堂教学模式包含了不少媒体材料，比如图片、3D 动画等，此外该模式还有笔记、交流等更高级的功能。这种互动性极强的教学模式不用自己动手制作视频，可以其互动性为教师的教学节约不少时间，而且大学生能在互动过程中更好地将自己的学习动力释放出来。学习实践证明，大学生通过以 iPad 平台为基础的数字化翻转课堂英语教学模式，学业成绩得到显著提高。

(三) 杰姬·格斯丁的环形四阶段模型

在杰姬·格斯丁看来，翻转课堂是一种环形体验式结构，其学习周期可从四个阶段来加以概括：一是体验参与阶段；二是概念探索阶段；三是意义建构阶段；四是展示应用阶段。教师引导大学生展开学习时，可从以下这些具体步骤展开。一是从体验参与的学习活动开始进行，教师可设置一些游戏、实验等为主题的英语学习活动，引导大学生进入这些学习情境，让他们以多元化的形式自主学习，大学生就能在此进程中将既有经验和新探索到的英语知识整合到一起，进一步充实、拓展自己的英语知识树与能力体系。二是对概念的积极探索，教师引导大学生展开对这些概念的主题性、活动性讨论，比如，英语教师可通过视频、在线讨论等手段引导大学生开展对英语知识、问题等的学习，这样大学生就能在学习的过程中，逐步建立起自己的知识框架。三是大学生在教师的引导下从前面的阶段中获得对内容的深入理解，并通过博客、音频等方式展开对自己所理解内容的阐述与表达，并以这些方式实现英语语言意义、能力等的建构。同时，高校英语教师还可融入一些有效的测试，让参加测试的大学生从中精准发现自己的英语知识盲点与未掌握到的地方，并由此修正、巩固与强化。四是大学生自主实现对所学成果的展示，并进一步加以应用。大学生自主演示的过程本身既是一种巩固的方式与历程，也是一种应用的途径，从而让所学内容得到了更好内化。反思在应用的过程中也是必要的，通过反思，大学生能更好地对知识加以应用，并能将这些知识深入融合到自己的日常生活中，发挥出更大的价值。

(四)"四步五环节"翻转课堂教学模式

第一，这种翻转课堂教学模式主要是通过"课前四步骤"与"课中五环节"来加以呈现的。该模式的建构需要教学双方的深入配合，并随时按照最新情况加以调整。

第二，在课前环节，英语教师应以集体备课的形式准备，然后构思、设计出导学案教学材料，该导学案可采用视频形式加以呈现，时间为10~15分钟。为了让导学案发挥更大的教学价值，便于大学生更好运用，教师可将该视频上传网络平台。大学生可自主下载该导学案资料，通过观看视频展开英语学习，最后每个大学生可通过网络学习平台做一些检测题，达到预习的作用。英语教师可通过该学习平台深入掌握大学生的课前准备情况，以及对相关知识内容的预习效果。

第三，在课中环节，教师应从这些方面对大学生展开教学：一是从合作探究中展开对英语知识的学习；二是在释疑拓展环节实现对二语习得理论下英语知识的学习；三是通过一定的巩固性习题实现对所学知识的强化；四是大学生以自主方式展开对问题的纠正，实现对知识的查漏补缺；五是教师应引导大学生展开有效反思，对教学与学习中出现的各种问题、经验展开总结，以便后期更好地展开学习。在执行这种翻转课堂教学模式时，学校应让大学生准备必要的教学工具如平板电脑等，以及其他教学素材如主题性视频、阅读资料等教学资源，如此才能确保该种翻转课堂教学的顺利开展，大学生也才能在该种翻转课堂的教学过程中更好地习得英语知识，获得英语应用能力。

第二节　翻转课堂应用于高校英语教学的可行性分析

一、翻转课堂教学模式符合二语习得理论下英语教学的发展逻辑

高校英语教学的核心目标为让大学生对英语语言形成良好的认识以及精准而优异的建构，最终达到熟练运用的目的。在进行英语教学的过程中，教师应注重对英语学习方法的传授与培育，通过大学生自主的学习与实践，就能逐步掌握英语语言知识、英语文化素养以及英语交流交际能力。从传统的高校英语教学来说，很多英语教师的教学重心仍然倾注在考试上，课堂教学大都以对英语知识的灌输来加以展开，对大学生英语能力的培育还远远不够。高校英语教学可结合翻转课堂的理念与方法来加以展开，这样能促进大

学生新型英语学习模式的形成。可见，在高校英语教学中以翻转课堂模式来开展具有很强的可行性。其主要原因如下：

(一) 翻转课堂教学模式能促进对问题的探究以及对英语思维的训练

二语习得理论下，高校英语教师应从探究适切性问题的角度开展教学。一方面，高校英语教学的重要目的就是让大学生在问题的发现、问题的探索、问题的探讨以及问题的解决过程中逐步形成英语交流交际能力。二语习得理念指导下的高校英语教学目标是促进大学生对英语的精准理解与高效应用，而非对英语知识的死记硬背，难以快速形成英语语言思维。另一方面，高校英语教学应着重强调对英语思维的训练，只要英语思维能快速而高效地形成，大学生的对英语知识的记忆，对语言现象的探究等都能得到顺利解决。为此，高校英语教师的英语教师应从英语思维的培育的角度出发，展开二语习得理论下的翻转课堂教学。在此过程中，高校英语教师应着重培育大学生的英语语言认知能力、发散思维能力与复合思维能力等，从而让大学生形成良好的、系统的、发展的英语语言思维素养。而翻转课堂教学模式能在此进程中发挥出高效的思维训练作用，将大学生的思维潜能极大地激发和调动起来。

(二) 翻转课堂教学模式能促进英语教学素材的高效运用

第一，丰富的英语教学素材是高校英语教学的基础，而且高校英语教师与大学生发掘、开发英语教学素材的历程就是探索并获得英语学习方法的进程。这个探索过程能在很大程度上促进对大学生英语学习兴趣的发展，逐步培育出对英语学习的良好动力。

第二，翻转课堂教学模式客观上能促进二语习得理论下英语教学素材的开发与应用，而且对翻转课堂教学素材的应用过程也是高校英语教学素材得到实证的历程。这个流程体现了对传统英语教学观的背离，取而代之的是翻转课堂下的互动性教学与学习。翻转课堂教学下的互动学习本质是对传统高校英语教学观、学习观的一种超越性发展。教师在进行翻转课堂教学模式创设时，应从大学生学习的体验和结果融合，进而获得整合性的英语语言能力以及交流能力。

（三）翻转课堂教学模式能提升教师的导向作用以及大学生的参与能力

第一，在翻转课堂教学模式中，大学生为课堂教学的中心，因此教师的教学构思、设计与实施都需要紧紧以大学生为核心而展开，这样既能提升的二语习得能力，又能提升自主参与能力。在以大学生为核心的学习活动中，教师扮演着重要的引导者作用，应尽量让大学生以互动性的方式展开学习，让他们尽可能地以自主地方式学习英语知识，这样他们的知识组织能力、知识应用能力就能得到显著强化。

第二，教师应根据大学生学情等展开教学活动的调整，以便能将大学生的学习潜能、学习动力释放出来。

第三，教师应积极塑造大学生的自豪感，让教师的引导作用从问题的分析、解决层面得到体现，因此教师应借助翻转课堂教学技术展开对英语知识与应用问题的读解、重构，力求在促进大学生英语应用能力的同时，丰富他们的想象力，催生他们的创造力以及优化他们的行动力。总之，翻转课堂模式能够极大地促进英语学科核心素养的提升，这是英语教师在日常教学构思、设计与实施中应始终坚守的出发点。

二、翻转课堂教学模式能促进教学环境和条件的改进

第一，借助人工智能等技术，高校英语课程已经开发出了不少翻转课堂的教学模式。实际上，这两者之间存在着相互促进、相互协调的关系，这

些关系在网络技术的作用下获得了进一步优化。比如，中国慕课、腾讯课堂等平台就是网络技术、人工智能技术综合应用体现，并将翻转课堂教学模式对教学技术、教学理念的整合能力创造性地彰显出来，展现出了巨大的生命力和应用性。随着5G技术不断成熟，极富创新性的翻转课堂模式不断涌现，这些教学模式从很大程度上促进了教学环境的发展，以及教学条件的改进。这不仅是因为高校信息化资源得到了大幅提升，硬件设备得到了优化，智慧校园等能更好支撑翻转课堂教学模式的教学环境得到了改善，还因为大学生对这些平台中的英语资源的学习能力也得到了提升，对各类教学资源的统合能力得到了巨大提高，英语交流能力也在持续的自主学习过程中得到了明显改进。毫无疑问，在信息技术不断跃进的新时代，高校英语教学的内外环境与条件都已经显著得到了改善，这些进步不仅体现为教师教学能力的提升上，而且在很大程度上也体现为大学生自主学习能力的拓展上。

三、翻转课堂教学模式符合大学生思维与认知的发展特点

第一，二语习得理念与方法整合下的大学生英语思维的发展，在很大范畴上能需要通过翻转课堂教学模式的探索来得到实现。在高校英语的教学过程中，大学生已经具有了较强的抽象逻辑思维能力，因此教师可从多元整合的角度出发，展开对翻转课堂教学模式的开发、应用。高校英语教师应从创造性的思路出发，让教学内容、教学工具、教学思想整合起来，进一步发展大学生的抽象逻辑思维能力。在具体的教学思路上，教师应从英语语言概念的发现、假设的设定以及假设的验证这个思路来展开对抽象逻辑思维的训练。相应地，高校英语教师还可展开对大学生自我管控能力的发展，毕竟二语习得理论及其原则在很大程度上体现出了对大学生自主学习意识、自主学习能力、自主学习方法的培育，在获得这些要素之后，大学生的自我反省与自我调控能力也就得到明显改进，并向更富有综合性的抽象逻辑思维能力范

畴跃进。而且大学生自我调控能力的提高，也能提升英语学习的效率以及对英语语言问题加以解决的准确率。

第二，翻转课堂教学模式与二语习得理论及其原则的整合，还能在很大程度上促进辩证思维能力的发展，进一步丰富英语语言的逻辑性、渗透性与范畴性。大学生在辩证思维能力的培育中，将实现对英语语言的辩证性特点的理解，并能在应用与交流中实现对英语语言能力的内化，进一步提高大学生英语语言二语渗透能力与发展能力，并实现更高阶等级上的问题化解能力与交流能力。

第三，大学生的认知能力已经处于较为完善的阶段，但是他们的二语习得能力并不是与母语状态下的认知能力相一致的，只能说具有明显的正向关系。在此情况下，翻转课堂教学模式应以系统化的设计将英语语言的思维特点展现出来，这样才能在完善翻转课堂的教学功能的同时，实现对二语习得下的英语语言认知能力与思维能力的提高。要知道，具有一定体系性认知能力的大学生，随着翻转课堂教学模式的不断拓展，大学生的认知能力必将不断得到提升，思维能力也将变得更有体系。当大学生的认知能力提高一定水平，其英语学习活动的自主性也将得到明显改进，二语习得下的学习情境与个性发展也将得到拓展，彼此协作学习的能力也得到了显著提升，并能在互动性、活动性的学习行为中实现对英语思维能力的升华。此外，大学生的思维能力和认知能力都已经较为全面，能够将一定范畴下的英语学习资源整合到英语学习活动中来，实现英语学习的良好循环，能更好地实现对高校英语翻转课堂的掘进与成功。

四、翻转课堂教学模式符合英语课程的属性与特点

第一，翻转课堂教学模式是建立在高校英语课程的基础之上的，这些英语课程体系在维持专业性特点的同时，还有英语学科属性的共性。以应用

性英语课程为例来说，在进行二语习得下的教学时，教师应从应用性的角度挖掘这类课程的应用性、实用性、生活性，从而获得较为明确的以应用为核心的课堂教学思路。在此思路下，应用性英语课程的教学目标得以呈现，即工作现实环境条件下的应用性英语能力的培育才是这类课程关注的核心。又如，英语教师对大学生听说能力的培养，应从英语语言能力、英语文化素养以及跨文化交流等层面进行教学设计与教学实施，培养大学生的英语学习动力以及自主学习能力等。这些学习方法、策略，能提升大学生就业竞争能力。

第二，高校英语教师应将英语语言基础知识与英语应用能力置于同等重要的地位。英语教师在进行英语基础知识教学设计时，应从英语语法规律着手，对英语应用能力的培养则要从语言的实际运用层面展开，并让大学生通过自主性、互动性活动获得深度内化，实现对课堂教学目标的完成。

第三，高校英语教师应从英语语言实用性的属性出发进行课堂设计，特别是应从情境化设置角度操作，进行翻转课堂教学模式探索。比如，可通过微视频等形式进行教学设计、制作和实施，实际上微视频能有助于大学生以自主学习的方式展开预习，提前学习下节课的教学内容，这样教师能更好地展开课堂教学，提高教学效率。同时能给大学生更多的时间，以小组讨论、小组操作、组内讨论等形式展开活动，从而获得良好的英语语言表达与交际能力的提升。

第四，高校英语教师还应对大学生进行个别化的、有针对性的指导。翻转课堂教学模式下的个别指导要比传统的指导模式更为便捷，教师应从阅读、听力等角度分类指导，或者从主题性角度进行一对一的指导，让受指导大学生获得更为精准的辅导，快速提升该大学生的英语能力。

第五，高校英语教师还应在课前监管、课堂检测与课后评估等环节贯彻英语课程的属性及教学的实际操作，以此提升大学生自主学习的能力。

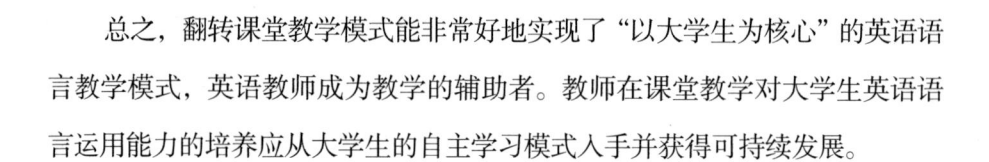

总之，翻转课堂教学模式能非常好地实现了"以大学生为核心"的英语语言教学模式，英语教师成为教学的辅助者。教师在课堂教学对大学生英语语言运用能力的培养应从大学生的自主学习模式入手并获得可持续发展。

第三节 二语习得下高校英语翻转课堂教学模式创新性构建

一、二语习得下高校英语翻转课堂交流平台搭建

身处信息化和智能化英语教学的时代，很多英语教师已能依靠多媒体技术等最新的信息技术手段，打造出富有创新性、生发性的高校英语翻转课堂模式。其主要使用的是 QQ 和微信这两种技术。下面以 QQ 平台为例展开说明：

发展到 21 世纪 20 年代，QQ 群仍然是大学生使用得最多的互动聊天平台，也是高校英语展开翻转课堂教学的重要载体，因为它能给大学生、高校英语教师以良好的互动与交流。第一，QQ 群的应用范围极为广泛，具有较强的翻转课堂教学适用性，既可在电脑上运用，又可依靠移动互联网在手机上运用。通过这种平台开展的翻转课堂教学，教师与大学生就能获得更好的交流感、互动感，教师能据此更好地开展对大学生的引导，从教学信息的沟通、教学资源的共享等层面开展高效沟通，从而获得良好的教学结果；大学生能完成二语习得下的各种主题讨论、小组性协作学习等。第二，QQ 群翻转课堂教学模式的使用方法便于大学生掌握，很短时间内就能学会，具有极强的易学易用性。第三，教师可借助 QQ 群翻转课堂平台引导大学生自主学习：其一，英语教师能便捷而高效地将制作好的各类英语学习资源等内容上传到 QQ 群的空间中，从教学目标、教学内容、教学问题等角度予以引导，从而让大学生深刻认识到自己所要学习的内容以及自主学习的方法；其二，

高校英语教师在进行教学时应以分组的形式实施翻转课堂教学,这样不仅能弥补基础薄弱大学生的不足,还能促进大学生更精准地学习,让学习效率维持在较高的水平;其三,每个大学生都能从 QQ 群空间中获得自己所想要的英语学习内容,以更为自主而协同的方式完成自己的学习,遇到问题后,大学生可通过 QQ 群与其他人(同班同学、英语教师乃至其他人)开展深入的探讨,其四,高校英语教师便可通过查看大学生们在 QQ 群中的讨论文字,即时发现大学生在自主学习过程中遇到的问题,并对问题进行分析、归纳和总结,将一些典型的问题留到课堂上讲解,让更多大学生从中受益。

二、学习资源的选送

高校英语教学既要花费相当的人力物力开发学习资源,又要以微视频等形式将自己设计出来的翻转课堂教学模式推介出去,让受教育的大学生从中受到启迪,获得英语能力的提升。在进行翻转课堂教学设计时,英语教师除了要深入研究教学内容,还要将大学生感兴趣的专业性知识融合进去,一般来说,教师应选择最典型、最有针对性的知识点来进行设计。比如,教师可从听、说这两个主题进行英语听力导学案的设计,不仅要将重点词汇囊括进来,而且也要将基本句型包括进来;而对英语阅读内容则采取"导学案+视频"的形式加以呈现,在内容上除了要将设计重心放在词汇、句型等的阐释上,还应采用视频等方式激发大学生展开思考。教师应采用优良的翻转课堂教学资源来提高大学生的英语泛读能力、逻辑推理能力等,逐步实现对英语阅读能力的塑造,达到对英语阅读技巧的掌握。在写作方面,教师应以"PPT+视频"方式开展英语写作格式教学,从本源上对大学生的写作格式加以规范塑造。

教师可采用"Camtasia Studio"等软件创造翻转课堂教学资源,或者采用"Macromedia Flash Paper"等软件对不同课件之间进行转换,从而创造出最佳的翻转课堂视频转换，教师还应辅以其他工具逐步发展出富有自身特色的翻转课堂教学的题库，不断改进自己的翻转课堂教学模式。通过这种策略，大学生就能逐步形成良好的自学能力，更好地完成英语学业。教师在制作好相关资源后，应及时将这些资源推送到 QQ 群的共享文件中，让大学生能便捷地从中获得这些资源，自主自为地学习，最终形成富有成效的翻转课堂学习模式。

三、翻转课堂教学环节

（一）师生吸收内化环节

第一，教师先应就前面所讲的内容内化吸收，教师可设定 15 分钟时间来加以实现，通过这个环节的认真实施，大学生就能将前面所学的知识和后面学到知识紧密整合在一起，并能更好地将英语知识与能力激发出来，持续提升英语应用能力。教师应通过不同主题的任务设计，引导大学生开展英语听力能力、英语会话能力的培养，实现大学生对英语语言综合能力的塑造。

第二，教师应按照以下思路展开任务驱动型教学内容的设计。首先，高校英语教师择取所要讲授内容的知识点展开深入挖掘、分析，找到最佳的二语习得理论与翻转课堂教学设计的切合点。其次，教师从最佳切合点展开导向性任务设计。例如，教师可从大学生未来职业所需知识、技能出发，引导大学生就所学内容加以精准内化，并展开话题性的英语交流与交际，这样就能更好地实现对所学英语知识点的内化。再次，教师所采取的任务形式应包含以下这些内容：主题讨论、讨论结果展示、合作学习、情景对话、自主写作、学习总结等。当然任务形式有很多种，教师应结合实际情况加以择取和调整。最后，教师要从找准知识点的关键点，然后开展对教学方案的构思、设计与实施。并且通过结合大学生在课前自学视频后所反馈的检测结果，去

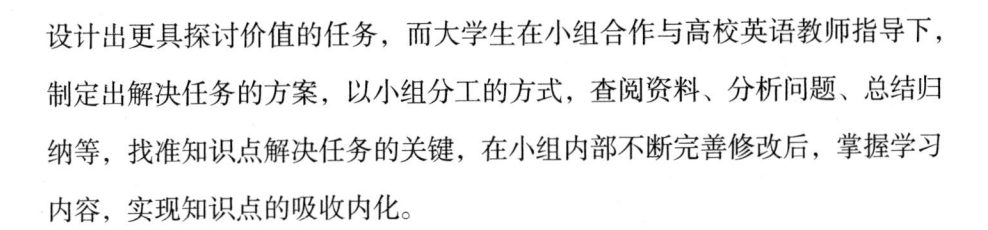

设计出更具探讨价值的任务，而大学生在小组合作与高校英语教师指导下，制定出解决任务的方案，以小组分工的方式，查阅资料、分析问题、总结归纳等，找准知识点解决任务的关键，在小组内部不断完善修改后，掌握学习内容，实现知识点的吸收内化。

(二) 问题解决环节

第一，教师在前15分钟对两堂课内容的黏结性引导能更好地促进大学生对英语知识和能力的内化。而在剩下的30分钟内，大学生应在二语习得理论与英语语言的规则下开展自主自为的学习，应尽量自主地化解学习过程中遇到的问题。教师要善于将翻转课堂教学中的各种小技巧传授给学生，比如，教师应引导大学生制作与应用汇报表、思维导图等。以思维导图为例，其丰富的表达元素，如色彩、符号、维度等让二语习得理论的思想得到更精到的呈现，让大学生在精准而充分的英语语言诸多特性的基础之上，获得对英语语言的形象化理解，并把握整体性的语言信息，进而建立多维感知与分析为核心的英语语言生成系统。借助思维导图，大学生能更好地分析学习中的各种问题，并在联想中形成对英语语言的二语机制重构，大学生的英语语言习得思维及其学习模式也将在这个过程中逐渐成熟起来。

第二，对问题的化解要从教学流程上加以落实，特别是要从问题的发掘、问题的提出、问题的分析、方法的获得以及问题的解答这些环节来加以落实。大学生对不同语言问题的化解过程不仅是具体问题的分解，也是二语习得过程中英语语言思维和应用的重塑。在这个重塑的过程中，英语教师应从大学生所处的大脑接受特点、心理机制以及学习习惯等出发，不断尝试，力求让大学生的个体化差异能在问题探索与解答中发挥核心作用，让大学生个体在对问题的互动交流中实现对问题的化解，以及对英语综合应用能力的提升。

四、翻转课堂教学的评价设计

(一) 形成性评价

第一,从形成性评价的概念来看,其不仅是对大学生学习行为、学习方法、学习表现的观察与评估,而且也是对大学生学习态度、学习策略、学习情感等的综合性评估,并据此科学而合理地调整。这种评估具有学习全过程评估的特点,能更好地引导大学生开展自主性学习,实现二语习得理论与方法下的英语探究性、实践性习得。

第二,教师应从大学生线上自学、课堂学习表现以及课后巩固训练等环节来落实形成性评价。在评价进行的过程中,教师应从定量、定性的角度展开对主体的分类,以及对问题的归类等,并就此进行教学设计。

第三,英语教师应以大学生个体为核心开展形成性评价的打造,大学生是二语习得理路学习实践的主体,英语教师应将大学生的主体作用充分发挥出来,如此才能将二语习得的教学价值、学习潜力挖掘出来;作为另一个形成性评价的主体,英语教师应从学习方法、学习理论、学习模式等层面展开塑造,让教学对象能在最短时间内形成富有成效的形成性英语语言学习模式;此外大学生群体也是需要加以考虑的教学主体,这是因为群体性的要素在很多教学情境中具有比个体更大的教学影响,比如,师生间的协作关系在很多时候会左右二语习得教学模式的发挥,因此教师要竭力在班级内形成良好的师生协作教学氛围;生生间的合作共生关系是制约二语习得理论下翻转课堂教学模式顺利实施的核心关系,拥有良好的生生关系,课堂氛围也会变得更好,并且能形成更加顺利、高效的课堂教学进程。

第四,教师在设计英语翻转课堂教学模式的评价体系时,不能一味地从主观愿望出发,要从定量、定性的角度展开精准设计,从而形成良好的教

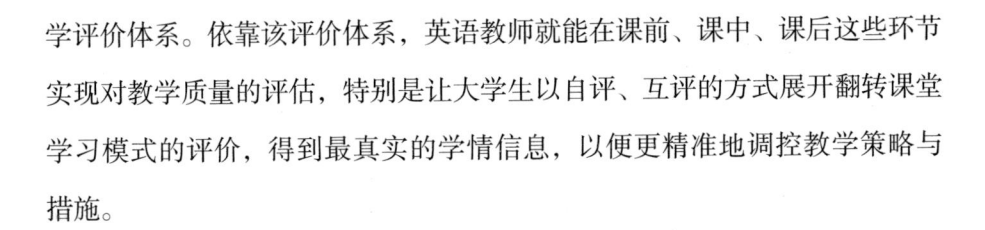

学评价体系。依靠该评价体系，英语教师就能在课前、课中、课后这些环节实现对教学质量的评估，特别是让大学生以自评、互评的方式展开翻转课堂学习模式的评价，得到最真实的学情信息，以便更精准地调控教学策略与措施。

(二) 终结性评价

第一，英语教师还应打造终结性评价体系，从形成性评价的角度弥补教学评价体系的不足。结论性评价体系应围绕教学质量展开，从而获得更为量化的标准性评估效果。

第二，教师在进行终结性评价时应从英语知识、技能等层面创设，终结性评价既可从大学生个体的学习结果评价，又可从班级所有学生的学习结果以及教师的教学结果来评价。

第三，英语教师不仅要重视期末考试这种形式的终结性评价，也要注重其他方式的终结性评价，比如很多第三方机构的证书考试就属于此类。终结性评价的优缺点是非常鲜明的，既有操作简便、时间集中、评价直观、总括性强的优点，又有效用性短期化、检测动态性不够的缺陷。

第四，教师在组合自己的评价体系时，既要注重英语知识、能力获得的过程，即形成性评价要素，又要注重升学性的、证书性的、职业性的结论性的鉴定与测评。一般来说，前者占了六成，后者占了四成。

五、翻转课堂教学流程

二语习得下的翻转课堂教学流程主要通过以下这些步骤实现，从而完成对高校英语翻转课堂教学模式的搭建：

其一，英语教师可采用课前测评的手段了解大学生的学情，还可采用对学习态度加以访谈的形式展开调查，从而获得尽可能清楚的了解，以便更科学合理地建构出二语习得下的翻转课堂教学模式。

其二，教师应在创设翻转课堂教学所使用QQ群，并将提前制作好的各类与教学主题相关的资源如视频等上传到QQ群的共享文件中，以便大学生下载预习。对预习阶段出现的各类问题，大学生可通过QQ群展开反馈，以便教师或其他同学能加以回答。

其三，教师应重点对待课堂教学这个环节的工作，除了进一步对前面阶段出现的问题加以讨论、回答，还应帮助大学生进一步提升对英语知识的熟练与内化，提高他们的英语应用能力。

其四，教师应在各个环节展开必要的测评，一般应设置课前自测、课堂检测，以此获得大学生的最近的学情信息。

其五，教师通过这些信息展开相应的翻转课堂教学调整，以便教师和大学生都能获得最佳的教学、学习体验。

其六，教师应重视期末测试环节的工作，不仅选择的检测题要精当，还要对检测成绩展开比较分析，对大学生个体展开相应的访谈，通过综合性的反馈展开反思，从而获得最佳的反思效果，以便随后翻转课堂教学的展开。

第四节　二语习得下高校英语翻转课堂教学的创新性实践

一、高校英语翻转课堂教学案例设计一

（一）使用教材与研究目的分析

这里选用的是外语教学与研究出版社编著的《新视野大学英语》(第一册)教材，课程内容为"Unit 4 Text A Heroes among us"(具体内容略)。研究思路为通过对传统教学模式与翻转课堂教学模式的比较，发现两种教学的特

点，特别是二语习得理论指导下的翻转课堂教学模式的特点。通过探究，我们就能发现二语习得下翻转课堂教学模式所拥有的极佳英语教学效果，不仅拥有良好的可操作性性和教学上的创新性，而且能让大学生以自主共生、多维整合的方式学习。

(二) 教学验证过程

刚进入高校的新生，经过高中阶段的学习，人文性话题内容并不陌生，而且已经能就此展开相应的思考与英语表达。这里主要从英雄所处的时代特征、英雄的本质等展开阐述。所列举的语言知识点主要体现在以下几个方面：第一，语言知识点的知识目标所包括的内容；第二，知识点所拥有的相应语言技能目标，以及由此所展开的写作方法介绍，乃至演讲技巧的举例说明；第三，本节知识所具有的英语语言思维培养目标为对大学生批判性思维的培育，让他们进一步认识"英雄"所具有含义；第四，教师应通过举例等说明方法展开写作手法方面的指导。这一点也是本节知识教学的重难点。

1. 教学策略分析

本节所采用的翻转课堂教学模式具有以下特点：第一，能让教学资源、学习内容等得到长期保存，能按照使用者的要求随用随取，而且呈现方式也颇为多元化；第二，翻转课堂教学模式能提升师生间、生生间的互动，能将大学生的个性化差异精准展现出来；第三，翻转课堂教学模式能显著提高大学生对教学的参与；第四，翻转课堂教学模式能更便捷地营造出自主共生的学习环境；第五，翻转课堂教学模式具有良好的信息化特点，教师能通过网络快速获得发布的教学任务与学习资料，大学生能通过网络快速获得这些任务或资料。不仅如此，通过网络与相应的学习平台，大学生能便捷地展开讨论，及时反馈自己的问题，并能获得来自教师或其他专家的指导与帮扶。

2. 教学过程设计

翻转课堂教学模式的教学设计从三个层面得到实施：一是课前准备，二是课堂教学，三是课外拓展。

（1）课前准备环节

英语老师可通过本校网络学习平台推送教学任务、学习材料等，主要包括：一是"Early Birds of a City-Sanitation Workers in Tangshan"；二是英语教师所准备的楼内救援视频，这类资料教师可从网络上下载；三是准备相关视频，这类视频也能在网上下载；四是本节内容的课文的音频资料，以及文中生词的音频解释资料；五是教师对课文内容中心思想的详细剖析，以及对核心语言知识点的详细解释；六是教师在学习平台发布相关的预习指导性任务，具体包括学习任务、预习要求等。

（2）课堂教学环节

教师在进行教学时，可提前选择三到四名大学生的习作进行分析，所选的习作应具有典型化的特点，以便更好地开展教学。第一，教师应从主题词、关联性等角度进行引导，让这方面有所欠缺的大学生能开展有针对性的弥补，从而提升写作能力与表达能力。第二，教师应在教学中以信息技术为载体开展分组教学，让大学生开展话题性的组内讨论，以协作性的方式进行探究性学习。比如，教师可让每组大学生择取一份作品讨论、辨析与修正，一般组内讨论修改时间为 10 分钟左右，组际交流为 5 分钟，教师点评为 5 分钟。英语教师只需要发挥引导者的作用即可。第三，教师应引导每个大学生做出切实可行的学习计划。比如，教师可引导大学生以三段式论证的模式完成"什么是英雄"讲稿写作，然后进行英文演讲。即起始段为言简意赅的"英雄"的定义；主体段则为富有典型性的例说；结尾段为总括性的话语，从而达到首位照应的效果。第四，教师应提升大学生的资料整合与写作的效率，比如，应要求大学生能在 10 分钟内实现对所列资料的全面糅合与梳理，然后在组内或课堂上加以展示，其他同学则加以点评，对其中的问题大学生应能当即修正。这个环节的工作每个小组都不能落下，必须切实执行，事后评出最佳作品三篇(具体名额可参照教学情况加以拿捏)，进一步加以点评，乃至奖励。第五，教师可在最后10分钟内完成反馈教学，以提升教学效果。反馈可以是公开的也是可以是匿名的(具体根据教学情况加以择取)。反馈的内容主要包括大学生对该堂翻转课堂教学活动主题及其设计的评价，大学生个体的学习计划及其具体安排，小组性的学习成果展示及其评价，大学生在整个学习过程中的参与度评价，等等。

(3) 课外拓展环节

课外拓展环节是在课堂教学的基础之上开展的，是对课堂教学结果的延展与补充，一般体现为课外的拓展性学习与训练。教师可采取辩论的形式来落实课外拓展，主题为"……是否可称为英雄"。大学生可在课外以自主分组的形式来展开，在组内辩论出最佳辩手后，在下次课上开展组际辩论，并选出最佳辩手。这种辩论性教学能极大地激发大学生的学习兴趣，显著提升他们的英语学习动力。

(三) 翻转课堂教学效果与创新体现

第一，师生间的配合在很大程度上决定了翻转课堂教学的成败以及最终的实施效果。无论是教师还是大学生，都要从共同实现教学的宗旨出发进行有效沟通，实现彼此的目的，让教学效果最大化地得到呈现。为了更好地实现翻转课堂预订的教学目标，教师应从学习引导、问题指导与反馈等环节来加以实施，这样能让所有大学生稳定而持续地进入学习状态，在调动学习兴趣的同时实现对自主学习模式的塑造。在此进程中，大学生不仅要积极利用各类视频资源，还要充分利用网络资源积极，以便获得最佳的教学效果。

第二，教师应从问卷调查的角度调查翻转课堂教学效果，这样能更精准而及时地获得大学生的学情。实践证明，大多数大学生都对富有信息化特征的翻转课堂教学模式较为认可，这种教学模式打破了传统课堂教学模式对教学主体双方的禁锢，将教师、大学生的创造性发掘了出来，提升他们彼此间的沟通力，让二语习得要求下的英语教学以更符合语言规律的方式得到了实现。而且大学生也能在各项讨论活动、操作活动中提升自信心，以更为饱满的学习状态面对英语学习中的挑战。总之，翻转课堂教学模式能让二语习得语境下的师生双方将语言教学的能动性展现出来，特别是能让大学生成为教与学的中心，让他们成为课堂教学的主导者，彼此的潜能在写作共生的教学进程中得到塑造、释放，从而实现对自主性探究动力的舒展。通过持续的翻转课堂教学模式的实践，大学生的英语学习能力与英语应用能力等都得到了显著提升。

第三，教师应积极从创新创造的角度展开对高校英语翻转课堂教学模式的探索。总体上，教师应从优势强化的思想出发整合翻转课堂教学模式建构过程中的各个要素，从而实现课堂教学时间、教学空间等整合上的升华，以及英语思维、英语交流能力的快速提升，最终达成高校对国际化拓展型人才的成功培育。

第四，翻转课堂教学模式的整合性打造，离不开英语文化语境的塑造，对中国的大学生而言，通过实际应用、现实操作来达到这个标准是不二法门。此外，教师还要积极利用智能技术、虚拟现实技术等实现对翻转课堂教学视频的高阶利用，从而实现对英语知识、能力的进一步提升。

综上，依靠互联网技术、信息技术的迅猛整合，高校英语课程所进行的改革将变得更有活力，更有发展空间，师生也能在此进程中实现对教学模式的创新性探索，并结出累累果实。

二、高校英语翻转课堂教学案例设计二

(一) 课前准备阶段

1. 课前学习资料准备

教师需要预备的课前学习资料颇为丰富，不仅要准备视频类的资料，还要准备导学案、PPT 等类型的学习资料。资料越丰富，教师和大学生选择的内容越广泛。

(1) 导学案

第一，教师应从词汇、语法与句型等层面设计导学案，特别是以多角度的形式开展对知识点的深度探索。从教材所选择的 Unit 1 Invitation Etiquette (邀请礼仪) 中的 "Passage 1 Business Invitation" 来看，重难点词语包括 commit、seminar 等，教师应择取这些词汇分析。教师对大学生进行分组，并以分组形式开展学习，大学生可根据提示词从文章中找到答案。通过不同小组之间或组内成员之间的协作学习，大学生个体的自护学习能力在此过程中逐渐得到培育。

(2) 视频

第一，教师要从本课中的主题出发，从互联网上下载相应的视频资源，以此作为教师的教学资源或大学生的学习资源。教师应从本节课的主题及其相应的重点、难点制作视频，这样制作出来的教学视频更加有针对性，教学效果才会更好。第二，视频时间长度一般不能超过 10 分钟，时间太长既影响教学任务的完成，又会影响大学生的注意力。第三，教师应向大学生介绍 "Practical Etiquette" 的视频资源，并以此资源引导大学生开展礼仪方面内容的学习。此外，大学生应尽量收集各国的邀请礼仪，并加以整理，这样能更好地了解不同国家、民族的礼仪文化，增加这方面的知识储备，为后续的英

语交流交际打下良好的基础。

（3）PPT

第一，教师应辅助大学生收集写作资料。比如，大学生可从求职信、介绍信、邀请函等收集写作资料。而且对不同类型的写作资料的整合要从写作格式、词汇特点、句型特征等层面展开。这个过程既能锤炼大学生的综合性英语应用能力，又能在很大程度上促进大学生自学能力的成长。

第二，教师应从大学生常见的书信写作错误中发现典型规律，然后据此制作成 PPT，并对不同文字信件中的含混之处进行比较，以此强化大学生的对英文信件写法的记忆等。

第三，教师将各类英语教学或学习资料制作完成后，便将这些资料上传到创建好的 QQ 群中，大学生可按照自己的需求加以下载与预习等。大学生还能在 QQ 群中就自己所遇到的问题与其他人深入讨论。教师还能根据大学生的各类质疑开展分析、反思，并据此对课件或教案展开优化。

2.课前大学生自测卡的设计准备

第一，教师应引导大学生设计自测卡，以便大学生能更好地融入教学之中。大学生所设置的自测卡除了要对自己的心得与提出的问题予以判断外，还要从功能上进行分类设计，这种功能的判断可从课前自测卡、课后自测卡等层面来加以区隔。而且这种检验能让大学生以更全面的形式对自己的学习心理等予以审视。例如，教师可以就精读文章"Business Invitation"（商务邀请）要求学生设计自测卡，这样大学生通过自主学习的方式完成这些题，就能更为深刻地理解课文。又如，大学生可自主就短句填词类型的题目设计自测卡，从而更好地实现对词汇的自我检验。

（二）课堂教学阶段

教师引导大学生实现前面的资料制作与 QQ 群上传后，接着引导大学生顺利实现预习阶段的各项工作，最后开始进入翻转课堂的教学工作。以下是翻转课堂教学模式的关键步骤，从中我们还能看到每个步骤相应的设计意图：

表 3-1　翻转课堂教学环节表

教学环节	教学步骤	设计意图
环节一：口语表达	1. 教师梳理思路，引导大学生从典型单词、句型等开展对 Invitation Etiquette 的回顾，一边回顾该文章的内容，一边播放录音，大学生则在这个过程开展语音模仿或练习	即使进入大学阶段，对单词发音仍然不能放松，教师则应从这个环节的工作引申，不仅要让大学生趁此机会提升英语口语能力，还要帮助发音有问题、口语欠缺的大学生展开针对性的训练与提升，这样就能更好地培育大学生的英语表达自信心
	2. 以情景表演展开主题拓展。比如，与朋友一同外出购物等，以此为话题设计出二至三人一组的情境对话，从而更好地达到对英语语言能力的综合性训练。情境对话的场景设置应力求真实，这样才能达到最佳的英语学习效果	第一，教师应鼓励大学生完整地表达出句子，特别是典型的句型方面更应该这样要求，这样才能将有一定难度的句型加以良好掌握，而且通过情境创设，大学生能更生动地理解相关句型，从而更好地消除大学生对重难点内容学习的畏难情绪。第二，教师应鼓励大学生开展对重点单词、句型的学习，并以此为核心进行剧情创造，这样既能将大学生的个性化能力发挥出来，又能提升他们的英语学习创造力
	3. 第一，英语教师应从整体的高度把控课堂教学，从个体性点评、纠错，到整体性点评、反思等环节上调控口语教学的节奏。第二，大学生应及时就自主学习过程中所碰到的读音、句型等问题向英语教师请教。第三，教师除了要向有语音问题的大学生进行个体性的指导，还应对全班学生进行总体性的指导，以便更好地促进全班学生语音能力的提升	不同大学生拥有的英语学习能力和接受能力大为不同，教师应尊重这种差异性，并在情境性学习之后，再进行个别性的指导，从而能更好地实现对其英语语音、听力乃至会话能力的提升

续表

教学环节	教学步骤	设计意图
环节二：听力	1.教师引导大学生高效实现对"Learning Sentences for Workplace Communication"的学习，特别是其中长短句的听写训练、对话练习等，从而实现最直观的评价，然后辅之以小组讨论，从而获得正确答案	教师对情境创设中的话题加以灵活运用，以便达到对英语语句构造能力的锻炼。而且要侧重从听力、口语这两个环节的工作中来加以夯实，其中从口语角度的训练是重中之重。口语训练能让大学生的听力能力、语言理解能力得到快速提升。而且师生间、生生间的讨论能比直接给出答案的效果更佳
环节三：课文讲解	教师引导大学生对"Business Invitation"中出现的词汇、句型等展开辨析与回顾。其主要通过以下三个步骤来得以实施：第一，大学生可根据课前自测卡的提示，结合文章进行学习和测试，深入理解文章内容的含义；第二，教师引导大学生朗读文章，对重点单词的读音尤其应该加以注意；第三，教师应引导大学生翻译整个文章	第一，教师引导大学生朗读课文，并进行语音、句型层面的分析，这样让大学生有效掌握课文的总体意思。第二，大学生应以自主学习的方式学习，这样既能很好地锻炼自己的口语能力、听力能力，也能提升大英语综合性素养
	英语教师对教学结果加以点评并就其中的疑问加以指正	英语教师有针对性地评判、纠正大学生的口语等表现，这无疑强化了大学生对文章的理解，并就此内化吸收。通过这种手段，翻转课堂的教学效果就成功地将传统英语课堂的教师主导性加以扭转

通过以上富有比较性的分析可以发现，教师在进行翻转课堂教学时主要是为听、说、读这三个方面的内容来展开的，这样大学生的英语语言能力就得到了显著提升，翻转课堂教学平台及其模式的价值也在此过程中得到了彰显。

(三) 教学评价阶段

依靠富有创造性的翻转课堂教学模式，高校英语教师就能将大学生的英语学习过程以创新性的方式呈现出来，不仅能更精准地对教学效果加以评估、判断，而且能做出阶段性的、总结性的评价；大学生则能在此进程中获得良好的自主学习能力的培育，并能从自主学习效果、英语语言学习效果等量化层面学习、反思与调整。

1. 课前自学内容评价

（1）英语教师的评价

教师应引导大学生制作自测卡，并以此为支撑进行英语学习监测、改进等；以此为工具，大学生能更好地建构富有自身特色的自主学习模式。

（2）大学生自评

第一，教师应引导大学生制作出符合自身学习需求的自我检测评价表，以便大学生能在课前自主学习，提升学习的针对性、目的性。第二，大学生在完成相应的学习任务后，就可凭借该评价表自主检测，然后可以根据评估结果调整学习。

2. 课堂综合评价

第一，在翻转课堂教学的执行过程中，英语教师的一个重要关注核心就是互动交流能力，大学生应能以正确的英语展开师生间、生生间的互动交流。第二，英语教师应对大学生交流互动能力展开综合性考核与评估。就考核来说，其主要从三个方面来进行：其一，大学生的朗读水平，以及对文章内容的阐释水平；其二，生生间的英语对话水准；其三，大学生个体对组内学习任务的贡献率等。以上这些都是英语教师对大学生展开综合性考核与评估必须考查的内容。

(四) 实施教学后效果分析

1. 大学生因素

第一，从翻转课堂教学模式实践的情况来看，那些自学能力强的大学生在这种模式下能获得更显著的学习效果，其他类型大学生的学习效果并不显著。可见，大学生应在课下有针对性地强化英语自学能力。这样才不会让翻转课堂教学变成大学生的自学课，毕竟自主学习并非自学课。

第二，高校教育管理者应在积极引入翻转课堂教学模式的同时，从理论上、生活上、实践上提升大学生对翻转课堂学习模式的素养与能力，如此才能激发大学生的个性化学习能力、自主学习能力、多元化融合能力等，为翻转课堂教学模式的成功建构发挥中流砥柱的作用。

2. 教师因素

第一，教师在英语翻转课堂教学中的角色为组织者、引导者，而不再是单纯的英语知识的传授者。第二，英语教师应从理论高度把握翻转课堂教学模式的精髓、规则和应用，从拓展大学生认知模式、思维模式和文化素养的角度挖掘，这样才能从本质上逐步确立适用的翻转课堂教学模式以及相应的学习方法等。第三，教师在教学活动中都主要是参与者，而非主导者，教师根据教学任务、教学内容设计出富有活力、创造力的教学模式，从而将最大的教学效果呈现出来。第四，教师不仅要拓展教学内容，确保翻转课堂教学的知识渗透性，而且创造出更多样化的设问、激励、评估与调整，以便大学生获得更好的翻转课堂教学效果。

3. 评价考核因素

翻转课堂教学模式与考评之间并不是敌对的，如果翻转课堂教学模式难以适应考评体系的检验，那么这种教学模式的教学之路也是走不长的。实际上，很多高校教育管理者与英语教师尝试制定出适合翻转课堂教学模式的测评体系，从量化角度引导和管控学习。

4. 教学目标因素

第一，进入新时代以来，大学生必须具有较强的跨语言、跨专业、跨文化的意识与能力，这样才能更好地适应社会的竞争的需要。翻转课堂教学模式的英语语言培养目标很好地适应了这一社会趋势，能将大学生的自主学习能力更好地释放出来。

第二，翻转课堂能很好地将既定的教学目标加以转化，能在塑造大学生的英语语言能力的同时，还能拓展大学生的英语文化视野以及对各种问题的应变能力。为了切实达到这些目标，教师应从教学目标的内涵出发完成教学设计，同时要将课堂教学的价值、跨文化交际与英语思维能力乃至其他综合性能力的培育彰显出来。

第三，英语教师的翻转课堂教学是为了达成高效化的课堂教学效果，实现对大学生英语水平的高质量提升。翻转课堂教学模式的精髓是让大学生在协作共生教学氛围中实现对英语语言能力、英语思维能力、英语交流能力。

三、高校英语翻转课堂教学案例设计三

这里以《大学体验英语综合教程》中第一单元的"Passage A Oxford University"为例来展开分析，这样我们就能对翻转课堂模式下的高校英语教学有更为清晰的认识。

（一）课前准备

教师应在课前准备阶段将自己制作好的相关学习资料或教学视频上传到QQ群的文件共享中，其他辅助资料可以纸质资料的形式发放给大学生。此外，教师还可以适当创设一些问题，以便大学生展开预习。

(1) 创设引入型问题

教师应设置一些创设性的问题，以便引导大学生开展与文章主旨有关的思考。比如：

Do you know some famous universities in the world? What are they?【你知道世界上的一些著名大学吗？它们是哪些？】

Do you know the top ten famous universities in the world? What are they?【你知道世界上前十的名牌大学吗？它们是哪些？】

(2) 创设启发型问题

教师应积极拓展大学生的英语思维，从启发性的角度创设问题，从而获得更好的预习效果。比如：

What do you like about your university learning experience?【你喜欢你的大学学习经历吗？】

Have you ever received a scholarship?【你曾经获得过奖学金吗？】

(3) 创设类比型问题

教师应从比较的角度设计问题，这样能对文章内容展精准理解，有助于课堂教学的展开。比如：

What's the difference between the western and Chinese education?【中国与西方的教育有何不同？】

What's the difference between the western and Chinese famous universities?【西方与中国的名牌大学有何差异？】

(4) 创设细节型问题

细节决定成败，因此教师应从这个角度创设问题，以便大学生能精准地理解课文，欣赏到英语语言的精细美、逻辑美。比如：

What do you know about Oxford University?【你对牛津大学了解多少？】

Can you introduce its staff, students, management and scholarships? Share what you know with each other.【你能介绍一下牛津大学的教职员工、学生、管理和奖学金？与同学一起讨论一下这些问题。】

(5) 创设探究型问题

教师应从探究性的角度创设问题，最好能将大学生的探究欲激发出来，从而获得对文章主旨思想的深刻理解。比如：

What's the mission of Oxford University?【牛津大学的使命是什么？】

Do you think universities should try their best to provide their students with more scholarships?【你认为大学应尽最大努力为大学生提供更多奖学金吗？】

How many scholarships can be provided to students at Oxford, and what are the requirements and limits for them?【牛津大学能为大学生们提供多少奖学金？对大学生们的要求与限制是什么？】

(6) 创设创新型问题

创新能力是英语语言学习的重要目标之一，通过对这种能力的发展，能从侧面将英语语言的本质属性更好地彰显出来，并能让大学生的英语交流能力在创造性的活动中获得显著增长。比如：

How do you make full use of your time at university and learn as much as you can?【你如何充分利用大学的时间，尽可能多地学习？】

How do you cherish your golden time at university in your opinion？【你认为你应如何珍惜大学的黄金时光？】

Try to make a study plan for yourself.【试着为自己制订学习计划。】

What should we do for our education, university and country?【我们应该为我们的教育、大学和国家做什么？】

英语教师应通过以上这些问题的创设，使大学生能从深层次理解并掌握知识点之间的逻辑关系，从内在关联性角度梳理文章中心思想，系统性地挖掘课文的英语语言表达特点与人文思想。例如，教师以引入型问题的设置，大学生就能收集到相关英文资料，对世界各国的著名高校有颇为清晰的了解问题包括：全世界的十大著名高校是哪些，我国有高校位列其中吗，我国高校与世界名校之间的差距有哪些，我国高校应如何提高自身的知名度。教师应向大学生提出一些启发性的问题，这样大学生就能从个人感受出发谈出自己的入校感受。问题包括：自身对高校喜欢的地方有哪些，高校需要如何加以改进，你有无获得过奖学金，你所在高校的奖学金有哪些类型，你应该如何努力才能获得奖学金，你所在高校的奖学金设置合理吗，你觉得应如何加以完善，等等。

教师还可设置一系列细节性的问题，这样大学生就能更清晰地了解牛津大学的发展历程、教育理念、规章制度、奖学金制度等。

(二) 课中阶段

1. 分析问题

教师不仅可针对类比型问题展开探讨，还可对细节型与探究型等疑问加以深度分析与探讨，这样能更全面而精准地对问题展开分析、探讨和解答。教师可采取课堂直接发问或小组探讨的方式展开多元化的翻转课堂教学，实现对大学生英语语言能力和英语语言思维的启发，同时通过富有竞争性的课堂讨论，大学生的想象力与探究力都能得到明显发展，并对核心知识点展开解释，进行更清晰的认识，这样能对这些内容展开更好的内化。譬如，英语教师可从以下思路来加以引导：作为世界上著名的高校，哈佛大学拥有超强的科研能力与严谨的管理制度等，综合实力极强，这对很多国内高校来说能学到什么？同学们可发现哈佛大学的科研能力一直维持在世界一流的水准，这是因为该校能为师生提供最优良的研究条件，以便他们能更好地展开科研与教学活动。这是很多国内高校可以借鉴的地方。但是，任何事情都有两面性的地方，比如哈佛大学在科研上就有明显的地域性限制，这类制度性安排颇不合理，在很大程度上限制了其他国家大学生的科研发展。

2. 解决问题

这个环节要开展的工作是就创新型问题的归纳、汇总与展示。大学生要将自身的学习结果加以演讲或呈现，以便其他人就此讨论。这个环节的工作结束后，英语教师应开展相应评判，特别应分析重难点，拓宽大学生的思路。同时，教师应积极拓展大学生的思维，让他们的思维逐渐变得灵活起来，在具有发散性思维能力的同时，还拥有较强的思辨性思维能力，以便反思各类英语知识问题，高效地化解各类问题。假以时日，大学生的综合性英语语言应用能力将得到显著提高。英语教师应从各种途径来激发大学生，让他们充分利用好大学的这四年的美好光阴，不仅要制订出切实可行的学习计划、生活计划等，而且要一步一个脚印地为执行这些计划，最终获得英语学科学习的成功，为未来自己的职场生涯打下良好的基础。

(三) 课后阶段

第一，英语教师应在课后阶段开展多元化的评价与反思。英语教师不仅应通过大学生的自主评价、组内互评、教师评价、专家评价等多元化的方式开展深入的评估，还要从内容、时间等层面开展设计，比如从化解问题的方法、学术贡献等层面进行设计，或者从期中、期末等时间维度设计，这样就能让评价体系变得更全面而丰富。这种过程性评价机制既能将大学生的学习管理能力塑造出来，又能与结果性评价整合起来，从而形成更好的个体性评价机制。

第二，英语教师应借助前面的评价结果，积极创建出科学合理的教学评价机制，这样除了能将大学生的学习状态、学习机制等加以反馈，而且还能将大学生的探索精神、创新精神、思辨能力等激发出来[1]，营造出良好的

---

[1] 索格飞，迟若冰. 基于慕课的混合式跨文化外语教学研究 [J]. 外语界，2018(03)：89-96.

进取型课堂教学氛围。

  综上，高校英语翻转课堂教学模式是多元要素整合下的创新性教学，教师必须将各种要素融合性整合起来，并在教学的问答等环节加以体现，将大学生的英语翻转课堂学习潜能释放出来，并能获得英语思维及其交流能力的快速提升。

第四章　二语习得下高校英语分层教学新探索

高校英语教学效果的好坏与很多因素有关，在语言习得理论的指导下，科学地选择教学模式与教学策略尤为重要。本章基于克拉申二语习得理论，以承认学生个体差异为前提，根据因材施教的教学原则，探讨高校英语分层教学策略，以激发学生的学习动机，培养学生学习英语的积极性和主动性，使不同层次的学生都能在其最近发展区得以提高，使高校英语教学质量也进一步得到提高。

第一节　二语习得下高校英语分层教学概述

一、分层教学的内涵

分层教学，也可以叫作分组教学，从字面意思上来说，就是教师结合每一个学生所掌握的初始技能，根据学生的能力水平，按照学生的发展潜质划分层级。分层结束后，教师需要依据学生的层次来规划适合的教学内容，制定具有针对性的教学策略，开展一系列教学活动。这种分层方法的理念与因材施教的教育宗旨不谋而合，可以帮助教师提高教学水平。换句话来讲，分层教学方法的概念可以简单概述为，教师结合各个学生的能力水平、潜力资质以及兴趣爱好等设定差异性的教学目标，来规划相应的教学内容，提出具有针对性的教学策略，充分满足学生的多样化学习需求，为学生学习能力和水平的提升奠定基础，因此，具有重要的教学价值和实践意义。

传统的课堂教育模式以"填鸭式""一刀切式"为主，教师按照教育部门制定的教育标准对现有的教材资料加以合理运用，通过标准的教学速度和常规的教学方法来开展教学工作，完成既定的教学目标。但是，这种教学方法缺乏新意，只是模仿和照搬，根据考试分值对教师的教学成果进行评价，学生的分数越高，则代表教学质量越高。应该明确的一点是，上述教学模式严重抑制了教师在教学工作开展中能力的发挥，多数教师被迫实施平均化教学策略，使得"学优生"和"学困生"之间的差距越拉越大，两极分化现象普遍存在。同时，学生在这种教学背景下自身的主观能动性也会受到影响，无法在学习方面体现自身的积极性，无论是想象力还是创造力，都不能得到明显的提升，甚至有所下降。就分层教学的教学方式来讲，其通常表现出这样的优点，可以把特质相似或相同的学生聚集在一起，然后结合不同学生的特点设置教学目标和教学内容，这对于学生自身主观能动性的发挥具有积极意义，还能引导学生主动参与学习计划的设置和执行，对教师提出的教学方案表示认可和接受，从而有效提升教学质量。总的来讲，分层教学的理念与因材施教的教育宗旨十分契合，与当前教育事业发展提出的素质教育改革方案保持一致。

二、分层教学的理论基础

（一）最近发展区理论

维果茨基在研究中首次提出的最近发展区理论，在当时的学术界引起了强烈的轰动，该理论作为研究教育教学和学生学习关联的核心理论，为这一重要课题的研究与探索奠定了坚实的理论基础，掀开了教育教学与学习关系研究的新篇章。在他看来，任何一种教学活动的开展都离不开教育和学生学习关系的支撑，要对学生教育和学习这两个方面的具体情况进行深度的了解和把握。一方面，需要了解学生目前的发展情况，掌握学生当前的心理机能以及能够创造的发展水平，为学生官能成熟状态的保持提供了支持和保障。另一方面，应该对学生潜能的开发能力和发展水平进行深度的了解，在教师的引导和辅助下不断提升学生解决问题的能力。"最近发展区"理论的提出有助于识别和分析两种发展水平的差异，能够帮助学生挖掘潜在的能力和价值。

就最近发展区理论来讲，其核心理论在于强调学生的智力开发和应用，在教育教学和学习研究领域得到广泛地推广。随着研究的深入，维果茨基在以往研究理论的基础上引入新的高级心理机能理论，在鼓励学生开发智力的同时重视学生心理的形成和发展。站在最近发展区的立场上，不管是个体差异还是环境区别，都会对其造成直接或间接的影响，从而生成不同的概念界定，这需要重点关注。假设个体的最近发展区存在显著的差异，那么受到环境因素的综合影响，即便是相同的个体也会可能形成不同的最近发展区，这与最近发展区理论的核心思想是契合的。随着最近发展区理论的广泛应用，教师对学生最近发展区的理解和认知层次也会得到加深，教师的教学工作面临新的考验和挑战，也增加了英语教学的难度，这些现象都必须引起教育工作者的关注和重视。作为教师，应该明确目前需要解决的主要问题：怎样按照个体差异界定各自的最近发展区；如何提出针对性的教学计划；怎样对学生未来的发展进行高度预测和分析；在不影响自我效能感发挥的前提下，充分激发学生的学习热情和积极性。

按照最近发展区理论的说法，教师应该在规划教学内容和教学目标的过程中充分考虑学生当前的发展水平，然后了解不同学生的"最近发展区"，以此作为开展教学活动的依据和参考，有效提升最近发展区的发展高度，为学生的全面发展和健康成长夯实基础，创造条件。也就是说，教师需要在开

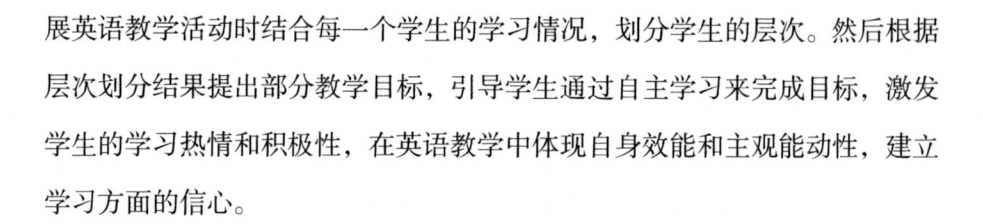

展英语教学活动时结合每一个学生的学习情况，划分学生的层次。然后根据层次划分结果提出部分教学目标，引导学生通过自主学习来完成目标，激发学生的学习热情和积极性，在英语教学中体现自身效能和主观能动性，建立学习方面的信心。

(二) 掌握学习理论

美国著名心理学家、教育家布鲁姆在教育学和心理学研究领域均有所建树，他提出了学习理论这一重要的教育理论。他认为，大部分学生都可以在教师的教导下掌握所有的知识和技能，每一个学生所获取的学习机会在理论上是平等的，没有高低贵贱之分。他还表示，学生应该将更多的时间和精力放在学习上，应该在教师的引导和教育下掌握所有的内容和知识，完成教师制定的学习目标。从"掌握学习"的层面来讲，只要提供常规的班级集体教学条件就能正常完成，通过教学资源的集中分布来体现因人施教的教学理念，帮助每一个学生共同进步、共同发展。相较于其他理论，布鲁姆在研究中提出的教学评价理论更加重视教学目标的设定和价值的判断，通过良性的教学反馈机制来主导整个教学过程，从而达到提高教学水平的最终目的。

按照掌握学习理论的说法和思想，布鲁纳提出了自己的观点：在所有学生中属于超常学生的人数只占总人数的5%，学困生的数量约占总人数的95%。由此可见，超常生的数量和学困生具有显著的统计学差异，这些学困生的学习能力与超常学生相比存在明显的差距，无论是学习速度还是学习思路，学困生都处于劣势地位。即便如此，只要教师能够给所有的学生创造相同的教育环境和学习设施，哪怕是学困生，也能通过学习来掌握丰富的知识和内容，从而不断进步。从掌握学习理论的本质来说，其实可以简单地理解为"所有学生都能学好"，这点需要重点关注。虽然大部分学生的资质和能力与超常学生相比，都相对平庸，但只要提供给他们相同的教学环境和条件，这些学生也能在教师的引导和帮助下完成既定的学习目标，并不断提升自身的价值，这才是积极乐观的教育方法和理念，才是现代教育改革与创新提倡的教育思路和策略。

世界上没有完全相同的两个人，任何人都有各自独特的风格和能力。作为教师，需要正视学生之间原本就存在的差异，在教学活动开展过程中给予不同的帮助和引导，让所有学生都能通过学习掌握丰富的理论知识和技能，实现自我价值。需要明确的一点是，尽管学校已经提供了相同的教学环境和学习机会，但部分教师往往会对那些表现优秀的学生给予称赞，对于那些成绩较差或垫底的学生，教师很难给予鼓励和关心，这就导致成绩较差的学生会失去信心，陷入学习的恶性循环当中。作为教师，应该严格按照教育部门制定的教学目标和计划开展教学活动，对那些成绩不好的学生应给予相应的鼓励和引导，帮助他们按时完成学习任务，重拾学习的兴趣和热情，建立学习的信心。学生一旦在学习过程中遇到难题，教师应及时对现有的课程进度进行适当的调整，提出针对性的教学策略，帮助所有学生在日常教学活动开展过程中得到提升。也就是说，掌握学习理论可以为分层教学理论的应用与实践创造有利条件，它是不可或缺的理论支撑。

(三) 学习风格理论

学习风格的概念可以简单概述为，学习者在日常学习中体现出来的，具有个人风格的学习倾向，或在较长时间内得以保持的学习策略。对于学生来讲，每个人的学习风格往往存在不同。每个人都有各自相对喜欢或偏爱的学习方式和思路，一些人倾向于安静的学习环境，一些人则希望在学习过程中能够加入一些音乐元素，还有一些人对学习资料的要求相对更高。不同人的学习偏好和风格固然存在差异，但只要能够满足学习者的风格条件和环境，就能有效提高他们的学习效率和学习质量，从而获得理想的成绩。随着学习风格理论的深入应用和推广，教师们需要在教学过程中对学生的学习风格进行分类，然后按照分层理论设置差异化的教学目标，要求学生们在规定的时间内顺利完成。也就是说，对于分层教学理论来讲，学习风格理论也是不可或缺的理论支撑，应当引起教师的重视，在教学实践中实现两种理论的有机结合。

英语教学是中学教学非常重要的一部分，教师需要了解每一个学生的学习风格，明确影响学生成绩的相关因素，从而制定对应和科学的教学目标和内容，帮助学生在英语教学活动开展过程中有所进步，全面发展。结合事实分析可知，英语教学在任何教育时期都是教育工作者非常重视的热点话题，是整个教育教学事业的难点和重点。英语课堂教学方式长期以来都呈现出百家争鸣的局面，无论是教学方法还是教学理念，每个教师都有各自的观点和看法。无论如何，教师在开展英语教学活动过程中都应该对学生的学习风格进行深度的了解，把握学生的学习方式和类型，然后对学生进行针对性的培养和教学。这种方法能够有效规避学生的缺点和弊端，发扬其优点和优势，找到各自的问题，并提出有效的解决方案和优化措施，引导学生自主积极地参与英语教学活动，不断提升自己的英语成绩。此外，教师还应该将英语学习的注意事项和难点讲述给每一个学生，提醒他们多加注意，避免走弯路或钻牛角尖。例如，教师需要帮助学生明确自身的学习风格，对个人的学习风格有具体的认知和理解；学生需要了解个人的学习能力和发展水平，结合自身情况适当对学习风格进行调整和优化，体现学习风格的多样性；学生需要在英语教学活动开展过程中明确自身缺陷和不足，发挥优势，探索英语学习的未知区域，在学习实践中不断突破自我，实现自我价值。

三、英语分层教学的要求

分层教学理论和方法存在诸多优点，在教学实践中具有高度可行性，但想要充分发挥应有的效用还需要提供一些条件支持，比如来自学校方面的教学管理以及教师的引导和鼓励等。

(一) 对学校管理层的要求

作为学校管理者，应该明确自身职能和责任，通过教学管理为分层教学理论的深度落实提供支持和保障。究其原因是，一旦缺乏管理，就会导致教学工作的开展或教育改革陷入被动，甚至出现半途而废的消极现象。学校管理层需要根据当前的教育改革政策提出科学合理的教学理念，制定具有针对性的教学管理制度，为分层教学的应用与实践提供必要条件。

1. 更新教学理念

分层教学的落实离不开学校培养理念的支撑，学校需要始终围绕社会需求为中心导向，重视学生能力的培养和提升，强调素质教育理念在教学实践中的贯彻与实施。在任何阶段都秉承"以学生为中心"的教学宗旨，帮助所有学生有所进步，有所成长，摒弃传统的人才培养模式，重视"德才并济、手脑并用"的教学理念。此外，学校还需要引导学生通过理论与实践的有机结合来改变现实世界，不断提升自我价值，成为新时代优秀的应用型人才，拓宽国际化视野，肩负社会发展的重任，培养优质的创新精神，不断提升自身的实践能力。一旦缺少分层教学理念，就会导致分层教学的效用无法得到充分的发挥，即便学校管理层对这一理论进行了落实与实践，也不能真正体现该理论的价值和作用，甚至会引发一系列其他问题，不利于教育改革进程的推动和前进。

2. 完善教学管理制度

何为教学管理制度？可以理解为结合目前的人才培养目标和教育部门提出的规格要求，推动教学活动顺利实施、合理制订教学计划、组织教学工作、协调教学资源等的一项最基本的制度。教学管理制度的职能在于把握现阶段的教学需求，对目前已有的教学资源进行科学的配置，对复杂的教学活动进行协调，对全部的教学行为进行规整，对相关的教学要素进行梳理，有效保障师生利益，显著提升教学质量，致力于教学管理水平的持续提升。教学管理制度的目的在于充分发挥教学秩序的效用和功能，激发教师的教学热情，也激发学生的学习学习热情，为开展高质量、高水平、高效率的教学活动提供支持和保障的重要举措。也就是说，教育部门应该对现有的教学管理制度进行优化和完善，从而满足分层教学贯彻与实施的基本需要，为英语有效教学方案的落实和推进创造有利条件。

经过综合的考虑与分析可以得出结论，关于教学管理制度的完善与健全应重视以下几个方面：

首先，教师应该了解自身的层次分工。根据层级划分情况设置相应的教学研究室，合理分配各个层级的教师资源，对班级安排进行规划。提供充足且科学的教材资料，由所有教师共同参与校本教材的编写和修订，定期开展一系列日常教学巡查活动，在重要会议上交流宝贵的成功经验，按照教育部门提出的要求和标准开展教师考评工作等。

其次，对现有的教师激励和惩罚机制进行优化与完善。学校应该重视教师教学热情的激发和提升，为开展有效教学创造基本条件。学校需要制定相关的激励制度，用于教师管理和教学管理等各个环节，使得教师们能够真正做到乐于教学，精于教学。同时，还能让学生通过日常的英语学习掌握丰富的理论知识和基本技能，不断提高自身的英语成绩。也就是说，如果部分教师在分层教学中表现优秀，应该由学校给予相应的褒奖和鼓励，既包括物质方面的奖励，也包括精神层面的支持和称赞。教务处应该根据自身情况设置教学督导组，负责对每个学院的教学工作进行监督和引导，选择那些经验丰富或德高望重的老教师担任督导组成员，进一步提升教师管理水平。督导组负责了解教师的教学情况和成果，并行使职位的升降。假设教师教授的班级不及格率超过十分之一，应给予提醒，要求该班级的教师进行整改。如果连续出现两次不及格率超过五分之一的情况，可以要求该班级的教师立即停课，或给予劝退的处理。需要明确的是，学生自身的原因可能会导致成绩较差，但如果不及格人数大于五分之一，就代表教师并未激发班级学生的学习热情，没有真正做到一名合格的人民教师应该做到的工作。

最后，对各学院现有的教务管理体制进行优化与完善。从理论层面上来看，分层教学能够显著提升教学效果，也会导致教学管理难度有所增加。这些问题集中体现在两个方面：一方面是学生管理，另一方面是教务管理。根据传统的英语教学模式可知，许多学校都会结合专业差异设置行政班，这种情况下各学院内部可以对学生的上课时间进行适当调整。但对于分层教学的编班来讲，应该摒弃传统的班级编制模式，有效提升课堂管理效率。在具体的操作中，学校需要汇总所有学生的名单和学生成绩等信息，进行统一的归档和归纳。完成上述操作后，通过教务处网络管理系统对信息进行登记和更新，为分层教学的贯彻与落实奠定基础。

3. 满足分层教学物质条件

为了纠正学生的英语口语发音，教师需要在课堂上提出规范的发音标准，并对学生的发音问题进行针对性的讲解和指导。除此之外，学校也需要保障基本的物资条件，具体包括以下四个方面：

首先，学校需要设立语音室。语言是我们日常生活或学习中不可或缺的交流工具，也就是说，学生应该具备基本的听力和口语能力。需要注意的是，学生学习英语口语后缺少练习机会，导致大多数学生学习的英语基本都是哑巴英语。学生害怕说错遭到别人的嘲笑，因此选择不说或少说。语音室的设置可以让学生在上听力口语课时积极发言，一旦戴上耳机就无须考虑其他人的干扰和影响，把自己所学的口语肆意地表达出来，通过反复的练习，提升口语能力。

其次，学校应设置校园英文调频发射台。一些条件较好的高等院校基本都会设置校园广播，定期播报最近的时事新闻，不过涉及英语方面的新闻屈指可数。就部分学生来讲，让他们主动查找英语听力资料难度很大，加上平时接触的机会又少。由此可见，假设校园广播定期播放一些经典的英文歌曲或文学作品，必然会积极影响学生的听力和口语练习，为学生口语和听力基础的夯实带来积极影响。

再次，学校需要设计自身的计算机自主调节系统。分层教学对学生提出了新的要求，要求学生必须结合实际情况提高层级。在这种情况下，学校应该设计一个具有自身特色的计算机自主调节系统，汇总所有学生的姓名信息、班级信息和层别信息等，然后登记每个月学生的原任课教师、以前的考试成绩、选择的科目名称等信息，再根据这些信息对学生的层级进行分类，重新规划班级结构。

最后，学校需要设立现代化的计算机网络自主学习室，并引入先进的自主学习软件。分层教学的初衷在于真正做到有效教学，而有效教学的落实则能够显著提升学生的自主学习能力。作为教师，有责任丰富学生的语音理论知识和技能，同时引导学生端正学习态度，培养健康的学习习惯，在学习实践中不断提升自主学习能力。尽管现在的学生宿舍基本安装了电脑和网络系统，但受到学生自主学习性的约束和限制，这些硬件设施并未发挥应有的作用和效果。为了解决这一问题，学校应设立现代化的计算机网络自主学习室，通过学习环境的提供营造良好的学习氛围，为学生学习效率的持续提升创造条件。学生一旦对学校目前准备的自主学习软件进行合理的应用，就会激发他们的自主学习热情，从而真正掌握课堂教学内容，有效提高自我巩固和学习能力。这种方法是行之有效的措施之一，应该受到学校和教师的关注和重视。

(二) 对英语教师的要求

教师对于英语有效教学的实现至关重要，英语分层教学改革与创新离不开英语教师的支持，英语教师需要满足以下要求：

1. 树立有效教学的思想

教师有责任做到有效教学。在具体操作中，教师应该明确有效教学的概念和内涵，了解实现有效教学的目的和原因，并提出实现有效教学的方法和策略。有效教学的概念可以简单阐述为：基于教师的教和学生的学，让学生能够培养自身自主的学习能力，实现相互之间的学习合作和探究，为全面发展和健康成长提供必要条件的活动。有效教学的贯彻与实施有助于学校的综合发展，为优秀教师的培养提供了广阔的平台，让学生能够在学习过程中培养个人的自主学习能力，真正实现寓教于学，对于学生英语水平的整体提升具有重要意义。也就是说，在英语分层教学改革与创新的重要阶段应该重视有效教学的落实，并对教师提出新的要求。作为教师，应该对自己班级的学生有深入的了解，并掌握学生英语学习的基本情况，把握每个人的性格特征和学习风格，进而提出科学有效的教学策略，为学生成绩的全面提升奠定基础。教师需要对教学内容进行合理的规划，制定科学的教学目标，并引导学生按时完成。教师需要根据学生的学习情况制定相应的教学步骤，选择大多数学生都能接受的教学方法，对最终的教学效果进行考察和评估，出现问题应及时改进。教师需要定期汇总近期的教学内容，了解每一个学生的课堂表现，对成绩突出的学生给予称赞，对成绩较差的学生给予鼓励。通过教学反思来明确教学过程中存在的问题，分析问题的根本原因，并结合实际情况提出针对性的优化方案，在后续的教学实践中进行改善。随着分层教学的落实，教师可以明确各个学生的"最近发展区"，通过学习方法的优化和教学策略的改善让学生能够在课堂教学中掌握丰富的理论知识和技能，为学生今后的发展夯实基础。

2. 教师要有人格魅力

关于人格魅力的概念解析可以简单阐述为，教师在各个方面体现出来的能够吸引学生的力量，比如教师的个人性格、教师的整体气质、教师自身的教学能力以及教师的道德品质等。法国卢梭曾经指出：你应该了解，在肩负培养人才的重任前，自己就需要塑造一个优秀的形象，成为一个值得推崇的榜样和模范。需要明确的是，如果教师有着独特的个人魅力，那么学生肯定会愿意接受教师的教导和指导，并受到教师个人魅力的良性影响。和谐师生关系的建立能够为有效教学的实现创造基本条件，如果师生关系不和谐，必定会对教学质量和效果造成负面影响。结合现代教育理论的说法进行分析可知，课堂教学包括两条主线：一条是常规的知识交流线，另一条则是师生之间的情感交流线。总的来讲，任何教学活动的开展都离不开知识和情感的双重交互，只有正常的知识交流和和谐的情感交流才能真正实现有效教学。总而言之，教师应该具备优质的人格魅力，这样才能做到有效教学，才能给学生们起到模范作用。

虽然优雅的外表会给教师的魅力加分，但教师的魅力并不局限于外表，还应该具有友善的态度，平易近人，容易交流。在分层教学实践过程中，班级学生的基础并不存在明显的差别，无论是学生的学习能力还是主动性，都不会表现出显著的差别。教师应该对所有的学生给予平等的尊重和支持，引导学生在日常教学中激发个人潜能。具有幽默感的教师往往会营造和谐的课堂环境，让课堂充满色彩，也让学生的情绪压力得以舒缓，以积极的态度和兴趣参与教学活动，达到事半功倍的教学效果。就部分学生来讲，长期处于枯燥的学习环境中使得自身的学习兴趣被进一步打压。如果面对有魅力的教师，学生会重新恢复良好的学习状态，教学效果与以往相比也会得到明显的改善。此外，教师的教学风格应体现特色和个性。换言之，教师需要根据学

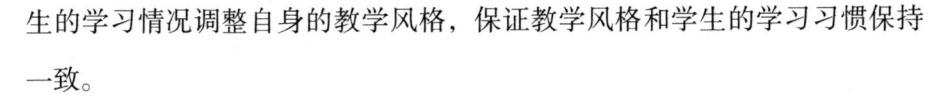

生的学习情况调整自身的教学风格,保证教学风格和学生的学习习惯保持一致。

随着分层教学的落实,学生们能够根据自身情况选择适合自己的课程,通过师生之间的自由流动来提升教学效果。在这个过程中,教师的教学能力会展现在学生面前。那些人格魅力突出的教师,往往会成为学生们的首选,相反,那些人格魅力缺失的教师,则会受到冷落。

3.要有强烈的工作责任心

工作责任心可以简单理解为,个人对自身目前工作职责和义务的准确认知、深厚的情感和坚定的信念,还包括严格按照规范制度、责任义务要求开展工作的态度。责任心对于教师而言至关重要,是教师个人品质的组成部分之一,是教师参与教育工作的基础要素。教师一旦丧失责任心,就不再拥有教学的资格。一名合格的教师,需要具备良好的工作责任心,热爱教育事业,对本职工作保持崇高的信仰和信念,对学生给予无微不至的关怀和爱护。中国有句古话:"十年树木,百年树人。"这句话对教师的责任进行了准确的描述,教师需要在教育事业中保持初心,坚定信念,对学生的个性发展给予绝对的尊重和支持,通过教学来培养更多优秀的人才。

作为教师,必须拥有责任心。虽然任课班级存在分层现象,但不代表教师责任心可以分层。教师需要重视自身责任心的树立和培养,主动参与教育部门或学习组织的教师素质培训活动,通过进修和学习提升专业素养,积极参加相关科研和论文撰写等活动。

四、高校英语分层教学模式应用的合理性、必要性以及可行性分析

就上述提出的问题进行分析可知,层次教学在高校英语教育领域是可行的,且体现出显著的优势。本节就分层教学实践的合理性、必要性和可行性等进行综合的探究与分析,具体包括以下几个方面:

（一）高校英语教育中进行分层教学的合理性及其必要性分析

就大学教育而言，主要目的在于为社会输送各个专业的人才，对于学生潜能的挖掘具有重要意义。作为高校管理者，肩负着优秀人才培养的社会重任，因此可尝试将分层教学应用在高校英语教育中，通过分层分班来提出科学的班级教育目标，利用资源重组和分配达到因材施教的教育效果，帮助学生实现全面发展。也就是说，分层教学在高校英语教学领域是可行的、合理的，也是极其有必要的。

（二）高校英语教育中进行分层教学的可行性分析

高校英语教育拥有许多不同的专业，会配置专业的教师队伍和充足的教育资源，常见的形式包括高级翻译、工程英语等。分层教学能够充分体现大学教育独特的优势，倡导学生选择适合自己的专业课程，为自己喜欢的专业付出更多的时间和精力。

分层教学在大学英语教育领域的应用与实践离不开现实土壤的支撑，高校管理者应适当调整教育资源在大学英语教育方面的倾斜度，根据学生的实际情况给予制度和资源方面的支撑和保障。

五、二语习得下高校英语分层教学的理论依据

克拉申的输入假设理论认为，语言学习者要习得语言，必须使语言习得机制发挥作用，而语言输入的可理解性是语言习得机制发挥作用的先决条件。在高校英语教学中，可理解性语言输入包括难易程度适中的教材和教师课堂语言两个方面。高校英语分层教学就是将学生按照英语水平分为不同层级，进行异质编组，使同一层级中的学生具有相近的认知水平，教师立足于学生的原有知识水平（i），为该层学生提供难易适度的可理解性的教学材

料，调控课堂教学话语，使其获取新知，学生的学习过程不断地由"i"向"i+1"过渡，体现了循序渐进的原则，学生既不会因为教学材料或教师课堂用语难度过大而失去信心，也不会因为语言输入过于简单而失去兴趣，从而获得最佳教学效果。每学期期末，根据学生的语言能力水平对学生的层级进行调整，使其始终能够在其最近发展区发展。另外，克拉申认为获得语言最佳输入的条件之一是语言输入的有趣性和关联性。这就要求教师在充分了解学生需求的前提下，更多地选用具有真实性、趣味性、多样性的教学材料，根据学生的不同水平确定不同的教学目标，采用不同的教学方法。高校英语分层教学的宗旨与该理论相符，体现了因材施教、循序渐进的教学原则。克拉申的情感过滤假说认为，学习者只有在最佳情感条件下，即具备强烈的学习动机、对学习充满自信心、无任何焦虑感的情况下才会产生真正的习得语言。因此，在高校英语分层教学过程中，教师在提供可理解性输入语时，还要充分考虑到学生在情感、个性方面等的因素，进行多层次的课堂活动设计、以消除学生的情感障碍，减少其焦虑情绪，培养其英语学习的兴趣和动机，增强其自信心，激发其学习的积极性、主动性和创造性，从而使英语教学更加高效。

第二节　二语习得下高校英语分层教学改革构想

承认学生之间的差异并因材施教，是二语习得下高校英语分层教学的基本原则。学生在任何情况下都是教育教学的主体，我们需要对学生的实际情况进行深度的了解，然后制定具有针对性的学习目标，选择适合大多数学生的教材，设计科学的课程内容，秉承因材施教的教育理念，通过教师资源的合理配置，实现有效教学。此外，分层教学的落实离不开考评体系和学分分层的支撑。对于不同层次的学生来讲，无论是教学目标还是教学要求，都存在显著的差异，这种情况下应该根据实际情况制定相应的考评体系，避免千篇一律阻碍学生的个性发展。具体来讲，二语习得下高校英语分层教学改革构想包括以下五个方面：

一、生源动态分层

生源动态分层的概念可以简单阐述为，对高校学生的英语学习兴趣、英语课程基础以及英语学习能力等进行深度的考量，结合学生实际情况进行班级层次分类，让学生能够自主选择班级层次表现出来的动态流动现象。[①]

就高等院校而言，对英语感兴趣的学生有很多，假设仍旧按照专业划分班级会出现同一班级学生的英语水平参差不齐的现象。这种情况下分层教学就能汇集同一水平的学生，为学生之间的学习与交流创造有利条件，为学生之间的共同进步和全面发展奠定基础，为教师因材施教理念的落实提供环境。实践早已证实，基础均衡化的教学模式能够帮助教师对学生的学习能力进行准确的把握，从而制定科学的教学目标，对于学生学习热情的激发具有积极意义，有助于学生自主学习能力的培养和主观能动性的发挥。

新生入学时会按照教师的要求进行英语摸底测试，根据学生的阅读情况、听力基础、写作能力以及翻译和口语交际素质等划分班级。

分班结束后，学生可以结合自身实际情况选择今后的学习层次等级，可根据具体条件升级或降级。以升级为例，应满足三个基本条件：一是学生当年的期末考试成绩被评为优秀（超过85分）；二是学生根据自身情况自主升级；三是得到任课教师的肯定。以降级为例，也应满足三个条件：一是学生跟班难度较大，无法在期末考试中获得理想的成绩；二是在教师的倡导下给出降级的提议；三是在学生被迫降级时参与补考。

---

① 朱睿. 独立学院高校英语分层教学现状分析及改进[J]. 海外英语, 2013(9): 86.

从理论上来说,学生应该享有在平行班间自由流动听课的基本权利,这种现象有助于激发教师的教学热情。不过,考虑到今后会实施小班上课,大面积的自由流动必然会增加优秀教师的教学压力,不利于授课有效性的维持和保障,从而丧失分层教学的意义。

二、教学目标分层

教学目标分层可以简单理解为,教师按照高校目前的英语教学目标划分层级的方法,教学目标对于教学模式的选择和教材的利用至关重要,是真正做到有效教学的基本前提。

学生分层结束后,应对教学目标进行相应的分层,这种情况下就能保证各个层次的学生都能享受平等的学习机会。按照美国应用语言学家史蒂文·D.克雷申在研究中提出的"输入理论"学说进行分析可知,学生的知识结构最好能比当前的水平和能力高出一些,这样有助于学生学习兴趣的激发。

三、教材和课程设置分层

教材分层的概念可以简单理解为,各个层次的学生接受不同教材的教育教学,为优秀学生设计校本课程的分层方法。课程设置分层则可以阐述为,根据各个层次学生的实际情况设置针对性的课程结构,由科目和课时分层两个方面组成。

教学是否成功的评价依据是学生的发展和进步,英语教学的成败则会受到英语接触机会和英语学习模式的直接影响。换言之,选择怎样的教材决定了学生学习知识的程度和效果。以X学院为例,以前选择高校英语新视野读写与听说教程作为英语教学的主要教材,无论是词汇还是语法,都提出了规范的要求,适用于成绩较好的学生,不适用于基础不好的学生。总的来讲，学校应该根据班级学生的实际情况筛选适合的教材，针对那些成绩良好的学生可以适当开设校本课程，为学生的课外拓展提供更多的机会。

四、师资力量分层

师资力量分层的概念可以理解为根据教师的个人能力和优势，界定教师教学层次的分层方法。

想要真正做到有效教学，离不开优秀教师的支撑，无论是教师的专业能力、教学经验，还是教师的教学策略，这些都会显著影响学生的学习效果。想要进一步提高教学效率，应该对教师进行分级，从而培养出更优秀的学生，并帮助教师实现教育方面的自我突破。从某种意义上来说，任何等级的教师都应该具备良好的职业道德，体现较高的教学能力。

在设立英语公共课教研室等组织机构以后应该对教师进行分级，结合教师的优势和特点分配到最适合的班级，秉承以老带新的基本原则来开展英语教学工作。这种方式能够有效激发教师的教学热情，对于教材的深度研究和学生的深度了解有积极意义，有助于教学效用的最大化提升。

五、考评体系及学分分层

考评可以理解为对学生某个阶段表现的测试和考核，以成绩分数的形式呈现出来。最合适的评价方式应该包含三个方面：一是学生平时的表现，二是学生的听力口语成绩，三是学生的期末考试成绩。

受到教学目标和课程设置分层的直接影响，不同等级学生的作业量会体现出一定的区别，作业的难度也存在显著的差异。这种情况下，需要根据学生的层级来设计考评内容，选择针对性的考评方式。

学分分层可以理解为各个等级学生的英语学分。学分分层的目的在于彰显考评的公平性和公正性，保证学生各个学科成绩的均衡。学分分层能够给予喜欢学习英语的学生一些鼓励和支持，让他们觉得学习英语是有意义的，且有价值的。

第三节 促进高校英语分层教学效果提升的对策措施

一、完善教学内容，更新教学理念

教育可以给人们带来丰富的知识，也是人类智慧传承与发扬的重要举措之一。高等职业教育是我国教育事业的关键一环，能为国家建设和社会发展输送大批优秀的人才。[①] 课堂是知识传授的阵地，分层教学策略的贯彻与落实应顺应时代发展，将先进的科学技术应用到课程教学中，实现二者的有机结合。

学生在学习英语知识的过程中也能对当前社会的发展现状有一定程度的认知和理解，从而激发学生关注社会民生的兴趣，有助于学生爱国主义情怀的培养，对于当代年轻人社会责任感的赋予有积极意义。

二、改善分层依据

为消除分层不合理等问题带来的负面影响，应对分层方法进行优化和改进，摒弃传统的"一张试卷定四年"的教育理念，具体涉及以下两个方面：一方面，不再使用以前的英语水平分层考试模式，应该对学生水平进行综合考查。根据新生的高考成绩、自我评价以及教师考查等划分层级[②]，由学校结合高考英语考试分数划分层级，主要包括高级、中级和初级三个等级。通过对学生分档意见的了解和主观意愿，对现有的层级进行适当的调整。以综

[①] 吴进.国内高校"分层教学"实践研究综述[J].中国市场，2015(32)：191-193.
[②] 陈君.高校"分层教学"研究综述[J].成人教育，2014，34(8)：73-74.

合考查为例，主要包括笔试和面试。另一方面，以一个学期为时间线对层级进行调整，成绩不理想的学生自动降级，表现优秀的学生可升级；实施优秀升级制，给予成绩最好的学生升级的机会。严格按照期中和期末考试成绩作为升级和降级的参考标准，其中期中成绩和期末成绩分别各占40%和60%。

三、鼓励教师自我提升，提高综合素养

分层教学代表着教育观念和思想的进步和创新，在当代高等教育领域中非常适用，也对教师的思想和理念提出新的要求。[1]首先，教师需要掌握丰富的专业理论知识，还应该重视自身综合素质的培养与提升。进入新时代以后，教师应该实现自我全面发展，和学生之间形成和谐的师生关系，为教育工作的开展奠定坚实的基础。就高校学生而言，英语学习成绩相对较差，学生的学习习惯大多停留在高中阶段，无法适应大学的英语教学模式，这就导致了高校英语教师的日常教学面临新的问题，甚至引发负面的心态和情绪，逐步丧失教学热情。

其次，教师独特的人格魅力有助于学生英语学习热情的激发。孔子曰："其身正，不令而行；其身不正，虽令不从。"这句话所要表达的意思就是，教师的言行举止和品格会对学生产生直观的影响，教师是学生模仿的对象之一。[2]假设老师可以对学生以诚相待，给予学生更多的尊重和理解，必然能够营造良好的教学氛围，对于学生英语学习兴趣的激发具有积极意义。

最后，学校需要重视教师任用的考核，根据当前的教育需求适当调整教师任用的门槛和标准，对英语教师的学历和工作经验等进行严格的核查和评估。高校英语教师也应该积极参与教育部门或学校组织的培训活动，通过持续的培训和学习，不断提升专业水平。第一，汇总教学问题，提出有效的

---

[1] 果笑非.基于信息技术的高校英语动态分层教学模式研究[J].外语电化教学，2013(6)：71-75.
[2] 叶盛.高校英语课堂教学有效策略研究[D].上海：复旦大学，2013：12.

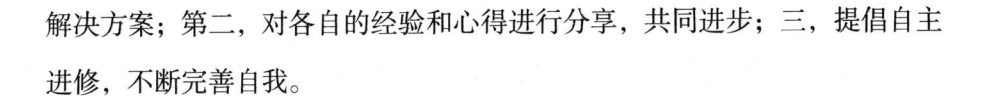

解决方案；第二，对各自的经验和心得进行分享，共同进步；三，提倡自主进修，不断完善自我。

四、改进英语考核形式

教师需要对学生的实际情况进行深入的了解，通过考核帮助学生树立学习英语的自信心，增强学生的主观能动性。落实分层考评策略，了解每一个学生目前的学习动态，对教学内容和目标进行适当的调整。

(一) 试题分层

摒弃以往的考试方式，根据学生层次设置命题考试内容。以高级班的学生为例，可适当增加考试的难度，训练学生的综合能力。以中级班的学生为例，应适当控制考试难度，了解学生的知识掌握情况，考查学生对知识的系统掌握和运用能力。以初级班的学生为例，考试难度应降低到最小，目的在于考查学生解决基础题的能力，夯实基础。分层考试模式有助于各个层级学生能力的培养和提升，对于学生英语学习自信的树立具有积极意义。

(二) 考核标准分层

按照学生层次制定相应的考核标准，实施考核标准分层策略。以高级班的学生为例，可适当丰富考查内容，重视学生英语交流能力的培养以及应用能力的提升。以中级班的学生为例，以选择试卷考核和口语测试作为主要的考核方式。以初级班的学生为例，仅依靠试卷考核作为考查标准，暂不增加其他的考核内容。

(三) 注重过程性评价

"人文关怀"评估方法在当前教育改革领域得到了广泛的应用和推广，

作为课程改革的重要措施，能够帮助教师对测试结果有准确的评价和判断。新课程结束后，教师可适当安排作业，作为考核学生学习效果的依据。教师应在检查作业时给予合理的建议，有助于师生和谐关系的培养，对于高校学生树立学习英语的信心有积极影响。

过程性评价对于学生英语学习水平的考核和衡量至关重要，是非常关键的环节。[①]教师需要对学生的日常表现进行客观的评价，算作学生的平时成绩。通过平时成绩积分法的合理应用，帮助学生了解自身缺陷和不足，并及时改正。

五、以学生为本

自古以来，哲学家、思想家以及科学家们都倡导"人性"和"人文"等概念。"人文关怀课堂"的建设自古存在，人文关怀有助于人类潜力的挖掘，对个人的全面发展至关重要，是国家建设和社会进步的核心要素之一。[②]

教学的目的在于使每一个学生都能掌握丰富的理论知识和技能，培养学生的自主学习能力，通过理论与实践的有机结合来改变世界，实现人类社会的进步和发展。[③]作为教师，在教学方面主要起到引导和督促的作用。学生在任何情况下都是教学的主体，在教师的引导下提升自身的自主学习能力，开发智力，发散思维，锻炼主动探究能力，从而解决生活中的难题，实现自我的全面发展。布鲁纳指出，"学生之所以学习，目的在于激发对知识的学习兴趣，并非在意其他的外在刺激"。[④]分层教学摒弃了传统的英语教学方式，以学生为主体开展教学活动，有助于教学效果的增强和学生积极性

---

① 李丽娟. 高校公共英语分层教学改革研究——以三峡电力职业学院为例 [J]. 英语广场（学术研究），2013(2)：82–83.
② 邢营军. 分层教学模式在高校英语教育中的应用研究 [J]. 教育与职业，2012(24)：108–109.
③ 顾红兵. 高校英语分层教学问题的思考和探索 [J]. 出国与就业（就业版），2011（22）：221–225，227.
④ 王爱军. 分层教学发展与研究综述 [J]. 成人教育，2011，31(8)：65–66.

的提升，对于学生综合素质的培养具有重要意义。

对学生进行科学合理的分层是以学生为本实施高校英语分层教学的前提和基础。教师对新生进行英语语言能力水平的测试和问卷调查，以充分了解学生的语言知识水平、语言运用能力水平、学习兴趣、动机、策略、情感因素等，在此基础上，将学生分为三个不同的层次，分层情况仅由教师掌握。之后，教师根据同组异质互助共进的原则，按照1∶2∶1的比例将不同层次的学生编入同一学习小组，开展合作学习，在不伤害后进生自尊心的前提下，使同一小组的学生能够相互取长补短，以先进带动后进。

分清学生层次后，教师要设定好适合不同层次学生的教学目标。根据《大学英语课程教学要求》，学困生应达到一般要求，即以教材为基础，掌握教材要求重点的词汇、语法项目，读懂课文；中等生应达到较高要求，即在夯实语言知识的同时，提高其听、说、读、写、译等语言技能；优等生应达到更高要求，即在培养学生语言综合运用能力的同时，侧重其二语思维能力、思辨能力和自主学习能力，为继续学习打下良好基础。

根据不同层次学生教学目标的设定情况，教师要进行语言输入与输出的分层，使每个学生都能够在原有的基础上获得收获，取得进步。教师备课时要全面考虑影响学生语言习得的因素，通过小组讨论引导优等生分析、解决较难的问题，启发其发散性思维；通过课堂提问提高中等生的听、说能力和自学能力；通过个别辅导实现学困生的语言知识衔接，提高其自我效能感和语言知识水平。针对不同层次的学生设置形式、数量、难度不同的作业，使新知得以巩固，逐步完成教学目标。

由于学生的差异较大，为便于教学管理，掌握每个学生的学业进展情况，教师应为每个学生建立档案袋，记录学生的学习情况。侧重对学生的垂直评价，强调每个学生在自己原有的水平上取得的进步和提高。将形成性评价与终结性评价相结合，改革测试形式、内容和成绩构成，旨在考查学生的语言运用能力，将课堂表现、作业完成情况等平时成绩和口语成绩纳入总评成绩中，及时发现学困生的闪光点，通过形成性评价及时反馈，降低其自卑感，采用激励评价帮助中等生认识到自身的不足和努力的方向，采用竞争评价促使学优生更加严格要求自己。

高校英语分层教学不是对学生进行分层，而是对教学内容、目标、方法、评估等进行分层。该模式充分体现了以人为本的教育方针，承认个体差异，让每个学生都能在自己的最近发展区获得发展，既能弥补大班授课无法满足不同层次学生学习需求的不足，又能避免显性分层给学生带来的负面心理影响，有利于提高大学英语教学效果。

第五章　二语习得下高校英语综合课程开发新探索

第一节　高校英语综合课程概述

世界经济、文化正高速发展，国际科技、文化、教育交流正蓬勃开展，这些都对英语专业人才提出了更新、更高的要求。长期以来，我国英语教学注重对学习者知识的积累，而相对忽视了运用语言进行交流的能力。这种教育方法已经远远落后于时代的需要，不能满足于日益发展的国际的科技、文化、教育融合的需求，而高校英语综合课程在培养高水平英语专业人才方面有着至关重要的作用。

一、综合课程内涵

国内学者研究综合课程开发的时间相对较早，取得诸多突破性的研究成果，也对综合课程的概念进行了不同的解读，具体包括以下几种：

（1）综合课程指的是把相似邻近的学科内容进行梳理形成综合学科的课程规划。

（2）综合课程指的是包含综合学科在内的相关课程。

（3）综合课程指的是梳理一些相邻学科内容重新形成新的学科体系的课程。

（4）综合课程指的是融合相似相邻学科内容形成新的结构的课程。

研究结论表明，综合课程指的是汇总相似学科、相邻学科或内容存在联系学科形成新的学科的课程。从形式上来讲，综合课程包含两门或多门不同学科，是各个学科内容的交互和融合；从内容上来讲，综合课程的内容要比常规学科更加烦琐，是各个学科内容的差异化表现形式；从功能上来讲，综合科学有利于开发学生的思维，让学生都能够基于不同视角来看待问题，从而提出不同的解决问题的方法。总的来说，综合课程指的是内容相近或相似学科重构形成新学科的课程。

二、高校英语综合课程的内涵

高校英语教学需要以综合课程的形式表现出来，主要是因为高校英语对于高校专业学生的未来发展至关重要，是不可或缺的必修基础课之一。高校英语以语言体系为中心结构，在学生、教材以及教师之间建立稳定的关系，实现三者的互动和融合，构成一个完整的学习系统。就高校英语的课程形式而言，往往表现出一定的整体性特征，也兼具一定的综合性。高校英语通过一些重要的语言载体影响着其他学科的学习，为学生提供有力的语言工具，帮助学生快速接触并掌握其他学科的知识和内容。高校英语是学生关注现代科学发展、技术水平、社会建设程度以及环境保护等不同领域知识的工具，具有非常重要的作用和功能；就高校英语的课程内容而言，通常涉及不同学科领域的知识要素，这些要素之间相互影响、相互干预，形成完整的、系统的知识体系。此外，高校英语的内容往往表现出显著的开放性，能够实现各个学科的互动和交叉，兼具各种复杂的知识结构。高校英语存在一定的灵活性，能够与教育、社会等主体建立稳定的关系；就高校英语的应用性而言，主要体现在实践教学中。究其原因，主要是因为高校英语并非传统的语言研究性学习模式，而是属于典型的语言英语应用性学习模式，对学习者的学习和钻研提出了严格的要求，只有在反复的学习和训练中才能持续增强这一学科的综合应用能力。总而言之，高校英语的研究应包含三个方面：针对高校英语的内容展开研究；针对高校英语的形式进行研究；针对高校英语的应用进行立体式研究。总之，高校英语的本质其实就是一门综合型的新课程。

三、理论基础

(一) 通识教育理论

古希腊哲学家在研究中首次提出了自由思想理论，由此衍生出通识教育理念，这对后世教育发展和进步影响颇深。亚里士多德是自由思想提出与应用的集大成者，在该领域获得了突破性的研究进展。在他看来，自由思想的内容应该简单概述为，自由人是享受自由教育的核心主体，出于个人兴趣和需求接受专业的教育。开展自由教育的目的在于促进学习者的全面发展，无论是德行、智力，还是体能等都需要在学习过程中不断发展。自由教育并非单纯地为了满足工作需求而开展，真正的初衷在于实现人类思想的解放，消除愚昧和无知。亚里士多德在研究中明确指出，从人的本质来说，往往表现出理性的特征，人需要在保持理性的同时实现自我发展，在学习中不断进步，提高个人的自我价值，为人类的进步和发展做出贡献。亚里士多德提出的自由教育思想具有一定的创新性，他提倡自由的科学教育，对机械化的训练式教学模式进行了抨击。在他看来，自由人有必要接受自由的教育，基于自由教育来实现个体理性的全面发展。亚里士多德多次表示，教育的目的在于促进人类的全面发展，只要是职业化的教育或功利化的教育，都会阻碍人的发展。他在研究中提出的"自由教育"思想对后世影响颇深，随着研究的深入，自由教育思想为西方教育事业的兴起和发展奠定了坚实的理论基础，具有重要的理论研究意义。

进入19世纪以后，美国的社会工业迎来新的发展契机，教育能够为社会建设和发展输送大量优秀的专业人才，为美国教育事业的稳定发展奠定基础。不得不说，专业化的教育有利于美国经济的快速发展，是经济建设不可或缺的关键环节。但是功利化的教育或专业化的教育模式会加剧人们精神的空虚，使得人们的价值观趋于畸形，这一点在现实中已经得到充分的体现。在那个时期，美国的学者和专家们都一致认为，应该对高等教育的模式和制度进行改革与创新，从而消除专业化教育给社会发展带来的负面影响。1982年，诺伊斯·达林（Noyes Darling）提出了现代语言课程的教育模式，期望能够以这种课程形式实现对古典语言课程的替代，这一学说在当时的学术界和教育界引起强烈的轰动。1828年，耶鲁学院的学者们对相关情况进行了综合性的调研和考察，基于各家意见的汇总和梳理，编写出《耶鲁报告1828》这一著作（Yale Report of 1828）。《耶鲁报告1828》中明确指出，大学有必要根据学生的需求设计课程形式，保证课程内容能够覆盖学生的兴趣和爱好，倡导开放式的教育模式，由此一来，学生就能接受到专业且均衡化的教育，有利于学生知识结构的扩展和交互。《耶鲁报告1828》强调，不同学校提出的培养目标存在一定的差异，导致各个学校的教育目的随即发生变化，应该重视学生的综合发展，帮助学生拓宽视野。《耶鲁报告1828》是美国高等教育兴起和发展的重要文件，具有一定的里程碑意义，对美国高校教育的进步和创新奠定坚实的理论基础，所产生的影响也是深远且显著的。

1852年，英国教育学家约翰·亨利·纽曼（John Henry Newman）经过长期的研究与探索编著了《大学理念》这一著作。纽曼反复强调，高校教育的目的在于让学生们能够接收自由教育，学习丰富的理论知识和技能。在他看来，要想实现高校教育目标就必须开展自由教育，只有这样才能为社会发展和人类进步培养出合格的人才。

纽曼重新界定了大学的定义，将其描述为普及普遍知识的载体。他多次表示，大学教育的知识体系应该体现一定的完整性，教育的目的在于促进学生的全面发展，培养出各个领域都有价值的优秀人才。此外，大学培养的人才也应该是良好的社会公民，言谈举止得体，掌握丰富的理论知识和生活技能。纽曼在研究中首次引入了"自由教育观"这一学说，在当时引起激烈的讨论，对那个时期推崇的专业化教育潮流带来了猛烈的冲击，深刻影响着西方教育的发展，具有非常重要的现实意义。

1936年，美国教育改革家罗伯特·梅纳德·赫钦斯（Robert Maynard Hutchin）经过多年研究与探索编著了《美国高等教育》这一著作。在他看来，大学教育应该包括两个层次的教育：一是专业的教育，二是普通的教育。他认为，专业教育有利于学生专业能力和素质的培养，但也会阻碍学生的全面发展，会导致学生知识结构过于集中在某个学科，不利于学生的全面发展，甚至会使得学生的人格出现一定程度的缺陷；普通教育具有明显的非功利性，与专业化的教育模式处于两个极端。普遍教育重视学生文化修养的形成和发展，对学生能力的全面提升具有重要作用。赫钦斯在研究中明确指出，职业化或专业化的教育模式存在诸多弊端，不能仅仅依靠这种教育模式来培养人才，否则会抑制学生的全面发展。1929年，赫钦斯担任芝加哥大学的校长，上任以后他对传统的课程内容展开了大刀阔斧的改革，对学生逻辑思维的形成以及语言表达能力的提升给予了更多的关注和重视，并提出了一系列整改方案。进入19世纪中期以后，帕卡德（A. S. Parkard）提出应该在传统高等教育体系中融入通识教育这一模块，实现二者的有机结合。由此一来，通识教育开始被更多的学者和教育工作者所关注，成为大家激烈讨论的热点话题。此外，以哈佛为代表的其他大学逐渐意识到通识教育理念的重要意义，决定在原有课程内容的基础上进行优化，重新设计教育体系，并对课程内容进行重构，为通识教育和高等学校教育的有机结合提供必要条件。

关于通识教育概念的理解，不同学者提出了各自的看法和观点。杨春梅在研究中明确指出，通识教育的概念涉及两个层面：一方面，通识教育能够促进高等教育的进步和发展，是开展普通教育不可或缺的前提和基础，并未单独地为了学生的职业发展而开展教育工作；另一方面，通识教育的本质其实就是一种基础的教育原则，是促进学生全面发展的重要条件。张寿松在研究中指出，开展通识教育的初衷在于培养大量的"全人"，对教育的基础性进行了深刻的强调，要求教育体现出普遍性和综合性等特点。舒志定表示，通识教育的研究与理解应涵盖三个层面的关系：一是了解人与外部环境以及内心世界之间存在的必然关系；二是对这些复杂的关系进行梳理；三是强调教育的主体观念，突出教育的现实能力。

由上可知，通识教育的基本特征表现在四个方面：其一是"广"。通识教育一直以来都强调学生的全面发展，学生不能仅仅关注专业领域的学习和进步，需要与庞大的知识体系相交，学习一些专业之外的理论知识和技能，从而扩展学生的知识结构和内容。其二是"全"。通识教育的本质在于横跨多个学科开展教育工作，对各个学科知识和内容的交互非常重视，通过学科之间内容的互动和融合，帮助学生明确不同学科之间存在的关联，从而实现各个学科的交互和转化，基于全局的维度对科学知识进行研究与分析，强调"全人"的培养和发展。其三是"独"。通识教育摒弃了传统的专业界限模式，通过普遍且广泛的教育形式建立一种系统的教育体系制度，获取不同的学科结合点。其四是新。通识教育的提出与应用能够改变原有的教育体系，通过各学科知识和内容的整合与汇总形成系统的结构体系，实现知识教育的均衡化发展。上述特征都是通识教育的基本特点，对于我们理解通识教育的本质特征有很大帮助。

随着通识教育理念的提出与应用，目前已经被国内外的诸多学者所接受，他们都把通识教育当成高等教育改革和创新的指导理论，通过高校英语课程与通识教育理念的互动和融合，对高校英语课程的培养目标体系进行优化与完善，对于高校英语课程内容和形式的丰富与创新具有积极意义。

(二) 综合课程理论

综合课程的定义可以简单理解为，融合性质相似或邻近学科内容形成新学科的课程。进入19世纪以后，综合课程在教育领域逐渐兴起，为今后的发展奠定了坚实的基础。德国教育家赫尔巴特在研究中引入了课程综合化这一重要课题，并在以往研究理论的基础上提出"相关综合课程理论"这一学说，有助于学生的全面发展，为学生完整人格的形成夯实了基础，提供了充分的理论条件。齐勒在研究中对赫尔巴特的思想和学说进行了延伸与拓展，首次提出了"中心综合法"这一理论。在他看来，各个学科之间存在着必然的联系，应该围绕一门学科来对学科之间的关系进行探究，从而实现学科之间的交互和融合。斐斯泰洛齐的研究思想与赫尔巴特提出的学说理论具有一定的相似性，在前人的研究结论基础上提出了"经验综合课程"的学说。他明确指出，人的发展应该是全面发展，除了德行、智力发展以外，还应该包含体能和劳动等方面的发展。换句话说，教育的最终目的是促进人的全面发展，建立系统的知识结构，并实现各方面知识的交互与融合。

综合课程的本质，其实就是实现各个课程知识结构的重构，通过知识的组合来达到灵活运用知识的目的。知识内容结构的重组并非简单意义上的排列组合，它需要结合当前阶段教育的培养目标来设计课程内容，这和传统的课程教学模式存在显著的区别。

关于综合课程的主要特点，应该从以下几个方面进行论述：首先，综合学科存在一定的综合性。就综合学科的综合性而言，重点涉及两个方面的内容：一是课程内容表现出一定的综合性；二是学习活动表现出一定的综合性。就综合性课程的内容而言，需要结合培养目标和课程需求对课程内容进行修改和优化，根据实际需求设计出针对性的课程内容，保证课程内容能够覆盖各个学科的各个方面，包含一些常见的重要的知识点；就学习活动的综合性而言，也需要体现课程内容的综合性，仅仅依靠学习活动并不能保质保量地达成学习目标，在这种情况下应该通过不同形式的交互和融合，提出不同的方法，从而保证教学任务得以顺利完成。其次，综合学科应体现一定的相对独立性。综合课程的本质是不同课程的交互和融合，通过多门课程内容的排列组合形成新的知识结构，对原有的课程并不存在依赖性。究其原因，主要是因为综合学科已经拥有原有课程没有的作用和功能，现在的课程体系能够起到的作用和效果也和原有课程存在显著的差异。再次，综合学科存在一定的创新性。综合课程经过学科的交互和融合以后会表现出不同于以外的形式和结构，无论是内容还是结构，都有一定的创新。此外，学生可以利用这种新方式来参与学习活动，结合自身能力开发出适合自己的学习方法和思路。最后，综合学科存在一定的实践性。综合课程的提出与应用摒弃了传统的课程模式，能够引导学生通过理论与实践的结合来挖掘知识潜在的价值和内涵，在实践中实现自我价值，不断进步，实现全面发展。

高校英语的特征与综合课程保持一致，主要体现在以下几个方面：首先，关于高校英语的课程内容，通常需要以语言为交流工具，涉及文化建设、经济发展以及政治教育等不同学科领域，通过各个学科内容的交互和融合形成新的知识结构。需要明确的是，高校英语与传统的文化建设和经济发展等内容的学习方法存在显著的区别，这种学习模式对语言学习能力提出了新的要求。其次，高校英语的学习方法更加重视综合性的培养与发展，无论是听说能力还是读写能力，都要进行反复地训练和练习，从而突出综合课程的特点和风格。再次，高校英语与综合课程实现了课程内容的融合，以一种新的教学模式予以实施，对于课程的创新与改革具有重要意义。究其原因，主要是综合课程实现了不同学科内容和层次的交互和融合，根据教学学生决定课程内容是保留还是舍弃，这种模式与以往任何一种教学模式都有明显的区别，它是一种创新的教学模式。此外，这些内容还能通过深度的贯彻和实施来提出新的教学方案和策略。最后，高校英语与综合课程的深度融合需要在实践中检验可行性，高校英语的教学目的在于提升学生的综合应用能力，实现学生的全面发展，想要获得这一能力就必须要求学生参与大量的实践活动，在实践中巩固学习效果，最终达成目的。

(三) 课程的开发理论

课程开发理论指出，所有课程的开发都应该围绕课程需求分析来进行，以此作为开发课程内容的前提，为课程目标的设定提出理论支持。设定课程目标以后，需要根据课程内容和学生的实际情况确定最终的课程内容，通过深入的研究与考察开展课程教学活动，并对实施效果进行综合的评价，找到问题点，经过反复的修订和优化来获得课程目标。课程开发的内容主要涉及四个方面：一是明确课程目标；二是设计课程内容；三是提出具体的课程实施方案；四是形成系统的课程评价体系。课程开发的步骤主要包含四个方面：首先，根据教学需求和学生的学习情况确定课程开发内容，对以前的课程内容结构进行适当的调整和优化，或增加一些新的课程内容，或删除一些旧的课程内容，或对不同的课程内容进行排列组合，或根据学习阶段对课程课时进行重新规划，或按照必修课和选修课的分配比例重新组合。其次，根据实际需求提出适合课程开发的最优方案，比如选择学生感兴趣的课程，按照国家教育部门或地方教育机构提出的课程项目清单要求筛选学生感兴趣的课程项目等；就课程改造而言，需要结合既定的课程目标以及学校当前阶段掌握的软硬件资源等，在原有课程结构的基础上进行适当的调整和优化，体现出课程体系结构的合理性和完整性；就课程重组而言，需要基于现有的科目内容进行梳理和汇总，去掉学科之间的重合部分，按照既定的课程目标对课程内容进行规划和设计；就课程创新而言，需要根据学校的实际情况和教学特色设计出新的课程内容，以此作为编写校本教材的参考依据，体现出课程实施模式的独特风格和教育理念。再次，课程的开发需要时间和精力，无论是设定课程目标还是明确课程内容，都离不开课程评价的支撑和保障，一旦缺少评价方案，就会导致课程开发的完整性受到影响。最后，课程开发需要一个相对较长的时间周期，需要教育工作者的不懈努力和相互配合才能完成。关于课程开发的时间周期，通常需要根据既定的课程目标来设定，并结合具体的课程需求进行调整。也就是说，课程开发应该体现出良好的实效性。

在开发设计高校英语综合课程的过程中，应该明确具体的课程目标，通过各个学科内容的交互和整合建立不同于以往的知识体系结构，获取新的课程目标。此外，还需要根据教学需求和学生的实际情况明确新的课程结构和内容，实现课程实施模式的改革与创新，并提出新的课程评价模式。

总的来讲，通识教育理念与综合课程开发的融合具有高度可行性，基于相关指导理论，设计出符合当代教育模式特点的高校英语综合课程，让学生们在学习英语的过程中实现各个学科知识的均衡化发展，既掌握了丰富的英语学科知识，又涉猎了其他学科的知识内容，对于全面发展具有重要意义，有助于学习主观能动性的发挥。综上所述，通识教育与高校英语课程教学的互动和融合是可行的，能够体现多个方面的功能和作用，可以帮助学生巩固自身掌握的语言基础知识，还能促进学生综合素质的培养与提升，有助于学生实践能力的增强，对于其探索精神的形成与发展也具有积极意义。

第二节　二语习得下高校英语综合课程开发的背景和作用

二语习得有其自身的规律，对二语习得过程的充分了解有助于外语教学。将二语习得理论运用到综合英语课堂教学中，能更好地发展学生的语言交际能力，有助于培养新时代所需的英语人才。

一、高校英语综合课程开发的背景

(一) 现实背景：高校英语课程体系基本现状

在本节中选取了6所高校作为研究对象，对其现阶段的高校英语课程开展情况进行了调研和考察，为论文课题的研究与分析提供理论基础。结合课时设置情况进行分析可以发现，这6所不同高校的英语课程课时相对合理，课时大多集中在128~220；就学分而言，部分学校采用了新的学分制。以咸阳职业技术学院为例，学校要求学生必须修够3学分才能完成课程。其他学校，例如陕西能源职业技术学校则摒弃了学分制，继续使用传统的课程结业方式来作为评价学生课程学习成果的依据；就课程组织形式而言，每一所院校基本都以理论课和活动课相结合的形式开展课程教育活动，活动课的形式和内容相对丰富，有助于学生英语能力的实践，给学生们提供了许多锻炼的机会和平台。

高校英语课程大多包含两个方面：一是基础语言知识的教学，二是知识的实践活动。以基础语言知识的教学为例，这个阶段开设的课程大多是一些必修课，目的在于锻炼学生的知识学习能力，帮助学生掌握丰富的理论知识和一些基本的语言技能，为实践活动的开展创造条件；以知识的实践活动为例，高校大多以必修课和选修课相结合的形式来开展，其中，必修课多选择专业英语，然后根据学生的兴趣或教学需求开设一些以人文科学知识学习为中心的学科，培养学生的语言技能运用能力。经过长期的调研和考察，并结合实际情况对上述两个阶段的实施情况进行详细的分析与论述，具体内容如下所示：

1. 基础语言知识技能阶段

如今，我国的高等教育事业得到突飞猛进的发展，高校的招生规模与以往相比明显扩大，但是学生们的英语水平仍旧是参差不齐，优秀生和后进生之间存在显著的水平差距。本次论文选择6所学校作为研究对象，按照班级划分情况进行研究与探讨。需要明确的是，基础语言知识技能阶段的课程对于高校英语教学工作的开展至关重要，是不可或缺的主体环节。在具体操作过程中，学校会根据实际情况筛选统一的教材，以教材为基准设置课程内容，为学生基础英语知识和技能的学习和掌握奠定基础。一些院校将其命名为综合英语，要求学生在大学一年级阶段完成教学任务。就部分学生而言，高中的英语基础相对较差，在这个阶段教师扮演关键角色，负责向学生们传授基础的语言知识点和技能。不过，对于其他条件优质的院校来讲，会更加重视学生语言综合应用能力的培养与提升，针对学生的听说能力重点展开。随着听力课教学活动的深度开展，学生的听力课程在基础阶段的比例超过三分之一。

2. 实际综合应用提高阶段

就实际综合应用提高阶段而言，学校需要结合既定的教学目标、目前组建的师资队伍以及其他因素等内容确定课程。根据不同学校的课程目录开设情况进行对比分析可以得知，这一阶段的课程设置往往体现三个基本的特征：

（1）课程类别相对比较单一。就高校英语的实际综合应用提高阶段而言，学校会在基础英语的前提下进行适当的延伸和拓展，将其命名为专业英语。不同学校的专业设置情况存在一定的差异，各个学校会结合自身优势或专业特点设置一些特别的专业，从而满足学生的差异化需求。

（2）文化类课程相对较少。通过调研和考察发现这6所院校在结束基础阶段的英语教学工作以后，还是会把教学资源和师资力量倾斜在学生语言能力的提升方面。总的来说,高校英语课程开展过程中的文化知识学习基本依靠基础阶段来实现,并未开设一些与西方文化知识教学相关的必修或选修课程,这点需要重点关注。

(3) 英语实践课仅仅停留在外在形式,并未在实践中发挥作用。就英语教学的提高阶段来讲,高校一般会利用学生自发的组织活动来提升学生的英语综合应用能力,这种现象在我国高校中比较常见。调研与考察发现,大多数院校的英语课程开设在三年级就已经结束,三年级的学生只能依靠自身的自主性来继续学习英语。某些学校也会借助第二课堂或其他形式的英语比赛来帮助学生继续学习,从而进一步提高学生的英语综合水平。但是,就第二课堂来说,其开设并未由学校和教师来进行监督和约束,使得参加比赛的学生屈指可数。也就是说,这一阶段的英语实践课程并未发挥应有的作用和功能。

(二) 政策背景:高校英语发展方向

高校英语课程的开设与实践应该体现一定的实用性和针对性,对学生英语实际综合运用能力的提升给予更多的关注和重视;应该对测试和教学之间存在的关系进行合理的控制和调节,避免应试教育给英语学习带来消极的影响;强调多媒体辅助教学手段的合理运用,对原有的课程实施方法进行延伸与拓展;在学校和教师的辅助和支持下形成英语第二课堂的完整体系,利用不同的手段和措施帮助学生激发学习英语的兴趣和热情,发挥学生在英语学习方面的主观能动性。总的来说,高校英语的课程目标设计目的在于为社会输送大量优秀的人才,强调学生综合素质的培养以及综合能力的提升,这样才契合通识教育的理念和宗旨。《国家中长期教育改革和发展规划纲要》明确指出,教育发展的目的在于以人为本,实现人文素质教育的全面推行。

二、高校英语综合课程通识教育作用的开发

高校英语与通识教育的深度融合是可行的，在重视学生语言技能提升的同时，还应该强调学生知识结构的拓展和延伸，让学生们都能具有良好的国际视野，与国际接轨。课程开发的目的在于始终围绕以学生为本的教育理念，帮助每一个学生实现自身的全面发展，在掌握英语知识和技能的同时成为一名合格的、综合素质较高的现代社会公民；教师应该对学生进行多方面知识的教学和传授，以独特的人格魅力激发学生学习英语的兴趣和热情，实现教与学的良性互动，建立和谐的师生关系。

(一) 语言技能作用

高校英语综合课程开始的目的在于帮助学生学习丰富的基础语言知识，掌握一些基础的英语应用技能，培养与提升学生的综合能力，为学生今后的发展和进步夯实基础，创造有利的、必要的前提条件。也就是说，高校英语课程应体现一定的基础性和非专业性，帮助学生掌握英语知识和技能。这一举措与语言技能的"通识"功能不谋而合。

(二) 文化作用

高校英语与综合课程的互动和融合具有一定的"兼职"功能，能够引导学生在学习英语的过程中积累丰富的学科知识，了解我国的文化历史和发展现状，对于学生文化差异的协同发展至关重要。除此之外，还有助于学生借鉴和包容意识的形成，对于学生交际沟通能力的提升具有积极意义，为学生认知能力的显著提升创造有利条件。总的来讲，高校英语已经脱离了单纯的语言教学模式，而是转化为一种系统性的知识教育体系，实现各个学科的相互融合和渗透，帮助学生在学习英语的过程中培养较强的综合能力。总而言

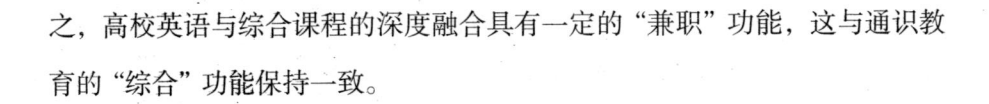

之，高校英语与综合课程的深度融合具有一定的"兼职"功能，这与通识教育的"综合"功能保持一致。

(三) 综合素质培养作用

高校英语与综合课程的深度融合具有一定的"共职"功能。换句话说，高校英语与通识教育的结合有助于学生语言能力的提升，可以帮助学生开发智力，拓宽视野，增强研究与探索的信心，以综合的能力来改造这个世界，实现全面发展。也就是说，高校英语与综合课程的深度融合具有一定的"共职"功能，这与通识教育自身具备的"多元化"功能保持一致。

第三节 二语习得下高校英语综合课程的需求分析

一、需求分析的必要性

需求分析的目的在于了解学生在学习英语时表现出来的需要，并对社会人员的语言水平要求进行深度的认知，通过二者的有机结合来确定课程内容和结构。

需求分析的作用包括四个方面：①作为设计英语课程结构和内容的参考依据，为课程实施方案的制定与落实奠定基础；②满足英语课程内容筛选的参考需求，为课程内容的规划和设计创造条件；③为英语课程目标的提出与完成提供依据；④为英语课程效果的客观评价与考察奠定基础。

课程开发离不开需求分析的支撑，究其原因，主要是因为课程开发的前提条件就是需求分析，只有完成需求分析才能为课程开发做好准备。换句话说，需求分析能够良性引导课程开发。随着社会的快速发展，教育水平得到显著的提升，学生在发展和进步的过程中也会出现各种各样新的需求。基于通识教育维度研究，课程开发需求有助于我们了解通识教育的理念和思想，对于学生的全面发展和个性化发展具有积极意义。

分析课程开发的需求能够为课程结构的优化和完善奠定基础。需求分析能够为设计课程目标、规划课程内容以及选择教学方法等提供理论依据，是不可或缺的必要条件和基础要素。需要明确的是，课程需求分析不仅仅包括学生需求，还与课程的其他方面有密切关联，比如分析学校需求和社会需求等。总的来讲，我们应该对课程开发需求进行综合分析，从而保证开发的课程能够满足实际需求。

二、学生的需求分析

关于英语学习的需求分析应该涵盖两个方面：一是对目标需求进行分析，二是对学习需求进行分析。以目标需求分析为例，主要指的是学习者今后的使用需求；以学习需求为例，则代表学习者参与学习活动时提出的需求。学者对以往的研究成果进行了汇总与梳理，并编写了新的学生需求分析表，具体如下所示：

表 5-1 学生需求分析表

主体	类别	来源
学生需求	个人需求	年龄、性别、文化程度等
	学习需求	历史语言学习经历，当前水平与目标之间的差距以及今后的期望
	就业需求	就业对语言能力和语言知识以及语言运用能力提出的相关要求

以需求分析理论为指导理论，对高校学生英语学习当前阶段的需求展开多维度的研究与分析。学生在任何情况下都是高校英语教学工作开展的核心主体，学生需求是影响高校英语课程开发的关键要素。

(一) 学生对课程模式要求

在研究课程形式设计的过程中,一些学生表达了自己的观点和看法,部分学生的建议具有一定的参考价值。有的学生表示,"无论什么样的英语基础和水平,都接受统一教材的指导,老师们更加倾向于语法知识的讲解,这种教学模式与高中基本没有差异"。"老师过于关注讲解,学生则只顾听,并未实现教师与学生在课堂上的互动和交流,许多学生对老师讲的知识一知半解,想要向老师求教时才发现课时已经结束了"。

上述建议充分表明,学生们在学习英语的过程中会遇到诸多问题或困惑,对于传统的英语课程模式并不认同,他们期望教师可以考虑学生的学习需求,在英语课堂教学上实现师生之间的互动,以达到契合"以学生为中心"教育理念的目的。

(二) 学生对课程评价模式期望

通过问卷调查发现,许多学生对现有的评价模式并不认同,在他们看来,应该把平时成绩和期末成绩相结合作为评价的依据,传统的期末试卷决定结果的方式在当前教育背景下并不适用。学生们表示,除了作业和到课率以外,还应该把其他方面业加入平时成绩的考核中。由此可见,现阶段采用的评价模式无法对学生的英语水平进行准确的评估,需要就现有的评价方式进行优化与完善。

三、企业需求分析

(一) 企业认为学生应具备的英语文化素质

英语技能和文化素质是企业各种活动顺利开展的必要因素,不能仅仅关注英语技能的培养而忽视文化素质的提升。多数企业管理者指出，交际礼仪、表达方式、思维方式以及文化差异等是影响文化素质的关键要素，各个方面所造成的比例分别为36%、19%、33%和12%。也就是说，企业人员应该具备良好的文化素质，这样才能有效避免尴尬、误解等不必要的问题，为和谐的交流奠定基础。

(二) 企业对高校英语课程内容的建议

在企业快速发展的过程中，英语在企业活动中的作用得以充分的凸显，逐渐在各个方面发挥重要功能。就上述现象来讲，企业管理者提出，应该重新分配基础实用英语、文化常识以及专业英语的比例，分别设置为45.3%、33.8%和20.09%。

第四节 二语习得下高校英语综合课程开发路径

一、高校英语综合课程开发的可行性

（1）通识课程教育对学生综合文化素质的培养与提升给予了更多的关注和重视，强调学生知识结构的平衡发展，是学生改变世界的重要方法和措施。就当前的高校英语而言，无论是内容还是题材，与以往相比都更加丰富，逐渐覆盖其他领域，与各个方面的知识都密切相关；就高校英语课程和通识教育来讲，两者的内容并不存在显著的区别。通识教育的课程设计主要包括两个方面：一方面是必修课课程的设计，另一方面是选修课课程的设计。现阶段的高校英语主要围绕必修课来开展，同时设定期限为一年。与此同时，还需要根据学生的知识结构设计选修课课程，一般在两学期后结束；高校英语课程具有重要功能，有利于学生认知能力的培养与提升，让学生们

能够借助语言学习来形成多元的思维模式，建立差异化的文化意识，能对丰富多彩的文化世界有深刻的认知和理解，实现学生的全面发展平台。高校英语的功能和通识教育的功能具有高度相似性，以公共课程的形式涵盖各个学科的内容和知识，通过课程的开设与推行实现通识教育与高校英语课程教学的深度融合，这种方案是可行的。

（2）英语课程的功能体现在两个方面：一是巩固学生的语言基础知识，二是增强学生的语言运用能力。在掌握语言知识和技能以后，学生还需要了解语言文化，这样才能形成完整的文化意识，建立科学合理的文化观念。

（3）搭建良好的英语语言环境，激发学生学习英语的热情。主观能动性是学生学习英语的关键要素之一，是影响学生今后学习和发展的重要前提。学生可以在学习语言、运用语言的过程中培养深厚的文化修养，与国际接轨。

（4）高校英语与通识教育的深度融合是可行的，具有重要理论指导功能。就当前而言，大部分本科院校都实现了通识教育与高校英语的深度融合，在实践中获得理想的成果。吴鼎民教授在研究中首次提出了关于高校英语课程教学的"三套车"模式，可以作为高校英语课程改革与创新的参考依据。通过文献综述可知，以四川大学、苏州大学等为代表的高校目前已经基本实现通识教育与高校英语课程教学的融合，具有重要的借鉴价值。

（5）文化发展逐渐趋于多元化，使得高校英语课程教学与通识教育的融合成为教育改革的必经之路。进入多元文化时代以后，学生需要重视自身文化包容意识的形成，对优秀的文化予以借鉴，同时给予其他文化更多的尊重。学生应该拓宽文化视野，逐渐与国际文化接轨，取其精华，去其糟粕。高校英语与综合课程教学的交互有助于学生对西方文化的了解和认知，对于多元文化氛围的营造具有积极意义。

（6）传统课程模式一直以来都存在一些缺陷和不足，这种背景下高校英语课程与通识教育的交互势在必行。传统课程模式过于关注词汇的理解、语法的讲解、文本的阅读以及写作技能的训练。这种模式只适用于应试教育，并不能培养学生的综合能力。虽然这种模式也会帮助学生完成英语学习任务，但同样也暴露了诸多缺点。在社会快速发展的背景下，社会就业对员工语言能力的要求变得更加严格，这种情况下我们需要摒弃传统的课程模式，根据教育改革的宗旨和理念，结合学生的实际情况提出一种新的教育模式，即高校英语的通识化模式。

二、高校英语综合课程的开发原则

（一）针对性原则

首先，学生是高校英语综合课程开发的核心主体。课程开发需要根据学生的实际英语基础水平来进行，并按照高校培养人才的需求分析结果进行调整，目的只有一个，就是帮助学生培养英语综合能力，未来能够在企业中学以致用；其次，作为课程机构，应该围绕高等教育的理念和宗旨来进行指导，以此体现高等教育不同于其他教育模式的特色和优势；最后，应该明确社会经济快速发展给教育改革和高校发展带来的影响。人才的培养目的在于为社会经济发展所服务，不同发展阶段对人才类型的需求也会随之变化。这种情况下，高校需要严格按照社会经济发展对人才的需求设置课程内容，体现高校教育的针对性和目的性。

（二）合理性原则

首先，应保证课程内容设计的合理性，确保其内容能够真正起到该有的作用和功能。就多数高校学生来讲，他们的整体英语水平普遍不高，尽管在中学时期也接受了三年的英语教育，但距离英语基础语言知识的掌握和运用还有一定的差距。也就是说,高校英语基础教育应该重视学生基础知识的掌握和熟练运用,在此基础上适当增加一些其他领域的知识内容。其次,应保证课程体系设计的合理性。就高校英语而言,无论是基础阶段的课程设计,还是提高阶段的课程设计,都应该严格秉承互补原则,保证选修课程和必修课程能够实现一定的互补。利用理论知识对实践进行补充,反过来,通过实践对理论的缺陷和不足进行补充,真正起到互补的效果。最后,应保证课程运行突出一定的合理性。课程开发与设计的目的在于课程在实践中的运行,在提供硬件和软件设施的基础上确保课程教学能够顺利完成。

(三)综合性原则

首先,课程内容的设计需要包含多个方面,在涵盖语言知识的基础上把语言当成工具,去学习其他学科的知识内容,实现各个学科内容的交互和融合;其次,重视基础技能的掌握和提升,既要强调基础性技能的培养,也要重视其他技能的综合性培养;最后,丰富课程形式和内容,摒弃传统的单一课程形式,通过综合性内容的设计来激发学生的学习热情,无论是必修课、选修课还是第二课堂,都应该增加到课程形式体系中,为课程目标的顺利完成提供保障。

(四)可持续发展原则

中学英语课程结束以后,学生们面临的就是高校的英语课程。高校英语对于学生今后的成长和发展至关重要,这一阶段可以为今后的英语学习和运用打下坚实的基础。也就是说,高校英语与综合课程开发的融合应秉承可持续发展的基本原则,起到承上启下的作用。

三、高校英语综合课程的开发方法

关于课程的开发方法应从两个层面进行论述：一方面是宏观分析，另一方面是微观分析。

（一）需求分析法

课程目标的设计需要基于课程内容来完成，教师在规划课程内容的过程中应该明确学生在不同阶段的需求。就需求分析而言，通常涉及两个层面：一方面是个人需求的分析，另一方面是职业能力需求的分析。以个人需求分析为例，重点考查新生的真实英语水平，了解学生的优点和劣势。以职业能力需求分析为例，目的在于考查学生职业能力的运用情况和潜力，为学生今后的职业发展奠定基础。

（二）实施难度分析法

课程开发完成以后需要在实践中进行落实，在开发时应该分析课程实施的可行性，这样才能保证开发的课程能够在实践中发挥应有的作用和功能，否则会浪费资源，并引起其他问题。课程内容的规划和设计应该根据学生当前阶段的知识水平来完成，并充分考虑学校师资队伍和硬件设施。如果设计的课程内容不符合学生的实际情况，就会导致课程实施出现各种各样的问题。此外，还应该为课程实施提供必要的硬件支持，否则可能出现课程实施失败的现象。由此可见，应该在开发课程时对课程实施难度进行综合的考虑与分析。

（三）逐层深入法

课程开发需要较长的时间来完成，想要一次性完成课程开发基本不可能。课程初次开发结束以后，需要对相关主体的建议和意见进行收集，通过信息反馈找到课程开发的问题，然后根据实际情况进行优化和完善。课程体系的开发与应用对于高校英语学习来说至关重要，一旦现有的课程体系出现问题，应进行及时反馈，通过不断完善和优化，形成稳定科学的课程体系，逐步适应通识教育的发展特征。

四、课程的实施方式

就课程的实施方式来讲，主要包括四个步骤：一是课堂实施；二是第二课堂实施；三是校内模拟实训实施；四是校外实训。英语是常见的语言类教学学科，课堂教学在任何情况下都是非常关键的课程实施阵地。在课堂教学的基础上逐渐衍生出包括第二课堂、校内模拟等在内的其他实施方式，共同组成英语课程的实施体系。

如今，"工学结合"模式在我国职业技术教育领域已得到广泛的应用和推广，也深受教育工作者的认可和肯定。这种模式强调学习内容与工作内容的深度交互，通过工作实践来执行学习任务，有助于学生职业能力和学习能力的培养与提升。从某种意义上来讲，"工学结合"模式与高校英语课程的融合是可行的。

众所周知，理工类学科强调的是"学—工—学—工"的教学模式，我们可以通过转化将其调整为"导—做—讨—做—评"的教学模式，从而适应英语教学。在具体操作中，教师对学生起到指导作用，学生通过"做"来巩固学，然后经过师生讨论得出结论，再继续做，最后由教师进行点评。不得不说，这种三管齐下的课程实施模式能够充分体现学生在英语学习过程中的主观能动性，是教与学深度融合的重要举措，对于学生语言综合能力的培养与提升具有重要意义。关于"导—做—讨—做—评"教学模式的详细步骤，具体如下所示：

第一步:"导——由教师布置学习任务"。教师主要起到指导作用,负责布置学习任务和作业,激发学生的求知欲望和学习热情。

第二步:"做——学生负责完成老师布置的任务"。学生是学习活动的主体,也是完成学习任务的角色。

第三步:"讨——由师生针对难点进行讨论"。学生一旦在学习时遇到难题,应该及时与老师进行沟通并讨论,找到最优的解决方案。

第四步:"做——学生结合师生的讨论结果继续完成学习任务"。经过讨论以后,学生可以发现问题,并按照教师提出的解决方案来处理问题,然后继续完成学习任务,在做的过程中总结经验。

第五步:"评——由师生对学习任务的完成结果进行评价"。评是对学习结果的总结和分析,在这个过程中学生应通过反思明确自身优点和缺陷。

以《跨文化交际礼仪》为例,教师需要根据课程设计内容确定学习任务,要求学生去了解相关的文化知识,并记录存在的问题。经过师生讨论得出结果,由学生继续完成学习任务,完成以后共同对学习成果进行评价。

上述课程实施模式有助于学生各方面能力的培养与提升,是学生未来持续发展和进步的重要前提。

高校英语综合课程的开展始终围绕课堂来进行,并以第二课堂、校内模拟实训等为辅助阵地。

课堂教学是英语实践课程实施的关键一环,通过教室到校内以及校外的扩展与延伸巩固学习效果,保证英语教学可以契合当前阶段的社会需求,为社会经济发展输送优秀的人才。第二课堂的实施主要包括形式丰富的比赛活动,目的在于培养学生的语言技能和人文素养,实现学生的全面发展。校内外实训课程的实施主要是为了借助实践来检验学生的学习成果和教师的教学效果,以此作为提升学生综合能力的措施和方法。

五、课程的评价模式

课程评价的作用是为了验证课程目标的实现成果，判断课程内容设计的合理性，评估学生需求是否得到了充分的满足。评价模式是影响课程发展和改革的重要依据，应该引起高校管理者的关注和重视。

通识教育与高校英语综合课程的深度融合离不开科学评价模式的支撑，评价应包括过程和结果两个方面。评价功能除了评价学生的真实能力以外，还负责评价课程设置、教学模式选择的合理性和可行性。

首先，该评价模式的特征体现在以下几个方面：一是评价应具备一定的多元性。根据不同的评价主体和评价视角，对评价对象进行综合评价，体现评价的指引功能。二是评价内容涉及三个方面：即课程目标设置是否合理、培养目标确定是否合理以及预期目标与实际结果之间的差距。评价方式通常涵盖三个部分：对课程实施的过程进行评价、对课程实施的终结性进行评价以及对课程实施的发展性进行评价等。评价功能集中体现在反馈促进方面，通过反馈评价来推动学习思想的改革与创新。

其次，评价模式应凸显学生在课程教学过程中的主体地位。学生在任何阶段都是教学学习的核心主体，学生能够通过评价结果了解自身的实际水平，不断提高自身的综合能力；应对学生的学习过程进行评价，强调学生自身的持续发展；重视学生形成性评价与发展性评价结果的运用，引导学生对自身实际情况有深刻的理解与认知，为学生的全面发展提供参考依据；通过评价来帮助学生培养自身的综合素质，及时找到问题，并解决问题。

再者，评价应凸显一定的全面性和科学性。评价模式的选择需要体现出立体性，对学生各个方面的能力和素质有清晰的界定和认知；评价的科学性主要表现在帮助学生持续进步和成长方面，也就是说评价能够推动课程的改革与创新，实现学生各个方面能力的综合发展。

最后，评价模式包括三种类型：一是对学生进行终结性评价，二是对学生进行形成性评价，三是对学生进行发展性评价。以形成性评价为例，主要发挥主导作用，强调学生的全面发展；以终结性评价为例，则可认为是辅助手段，对于学生语言综合能力的培养具有重要意义；以发展性评价为例，负责为前两种评价进行补充，从长期发展的视角对现有的问题进行分析，通过反馈机制来实现学生的全面发展。

六、二语习得顺序与综合英语课堂教学的步骤

(一) 二语习得的顺序

根据上述二语习得理论，我们可以把学习者对语言的习得归结为"输入—吸收—输出—习得"的顺序。综合英语课程是一门综合的基础课程，该课程要求学生对听、说、读、写、译要全面习得。综合英语课程学习的好坏直接决定学习者的语言水平及应用能力。因此在综合英语课上选择最佳语言输入时，可理解性尤为重要，可理解的输入应略高于学生当前的语言能力，即"i＋1"的输入量（i 这里指习得者的能力水平）。

当学习者接收到比已知语言略深一些，并能悟出其意义的语言信息输入时，"习得"才能产生。另外，输入材料的趣味性也能提高学习动机，降低焦虑感，因此在综合英语课堂上，教师应将学生置于可理解语言信息输入的学习环境之中。

学生将输入的知识暂时记入大脑的过程称为"吸收"，吸收对语言习得有重要的意义。在学习综合英语的过程中，吸收各种词汇、语法、阅读技巧、写作方法等极其重要。在吸收了一定的知识后，学习者需要运用头脑储存的语料进行分析综合，从而发出"可理解输出"。此时，课堂构成一种验证习得，这是衡量教学效果的理想环境，在这样的环境中，教师通过各种形

式的言语实践可以直接地观察到输入对学生是否适用,学生产生哪些类型的输出,从而使习得成为积极主动的过程。

(二) 综合英语课程教学步骤

根据习得产生的顺序,我们可将综合英语课程按照四个步骤来设计:

第一步,课前导入,引发动机,创建良好的课堂气氛。课前导入,也就是我们常说的 warming-up 阶段,对整堂课的顺利进行非常重要。我们可以事先设计一系列的活动,如演讲、报告、讲故事等形式,让学生尽快地进入上课的状态,激发学生的学习动机,创设一个开放的交流环境,并由此引出下面更有深度的教学内容。

第二步,内容输入。提供可理解的新语言信息是通过简单的显示还是结合一定的情境,效果大不相同。综合英语是一门综合课程,其中涉及很多基础知识的积累,如字词句的背诵、阅读技巧的学习等。在我国以往的综合英语教学中,在内容输入这个环节上,大多采用的还是以教师为主导的方式,这种方法收效甚微,这种新信息的输入并不能使学习者真正地掌握并运用这门语言。因此,我们倡导以学生为主体的教学模式,在内容输入这个环节上,采用更灵活的方式,结合一定的情景多渠道输入,如教师可以将讲授内容预先简单介绍,让学生以作业的形式在课后完成并吸收利用。另外,在课堂上,教师应有效地利用现代化多媒体教学手段,尽可能多采用录像、自制课件、电脑图片等各种有效辅助手段把语言与形象结合,把视觉与听觉结合,增强课堂的直观性,争取达到最佳的输入效果。

第三步,吸收检验,检查理解,储存语料。教师必须了解学生是否理解了输入的内容。因此,要通过灵活多样的形式加以检验,如听写、翻译训练、写作、课堂提问等。另外,还可以通过强化熟记来增强语言信息的记忆。同时对所理解的输入内容进行全面的加工梳理,继而储存到大脑语料库，做到可以在没有语言信息输入的情况下在记忆中也能再现材料。

第四步，语言输出，深化习得，从领会语音过渡到活用语言——小组活动。学习者只有在理解言语的基础上，才能进行言语表达。综合英语教学的最终目标是使学生能达到不必依靠背熟的语言材料而能比较自由地、创造性地运用所认知和再现的知识，将输入的材料消化并转化为有效的输出，真正达到活用语言。在综合英语课堂上，语言的输出和习得可以有多种多样的形式，其中最重要的一种就是小组活动。小组活动是英语专业教学的理想课堂组成形式。它强调教学以满足学生的需要为依据，主张学生应该更主动、更充分地学习。学习者通过小组内部的讨论和交流与相应的活动，把一些输入并初步吸收的信息和知识迅速地输出，转化成学习者自身真正的语言运用能力。学习者通过一系列的活动输出语言之后，才能深化习得，并从领会语言过渡到活用语言。

通过对二语习得理论的学习，针对综合英语教学，我们得到了如下启示：

（1）良好的课堂环境有利于调动学生的学习积极性，减少学生的言语焦虑，使其更好地理解课堂输入的内容。

（2）语言输入手段的多样化能增强学习者吸收语言的能力，加强语言的得体性。现代化教学设备的普及为教师提供了多样化的语言输入方式和渠道，也让学生接触到大量的鲜活、接近生活的英语语言。因此，学生随着语言输入的增加，不仅能增加产出的词汇量，还能将输入的内容学以致用，提高自身运用语言的能力。

（3）只有通过有效输出才能真正习得。英语专业教学与其他课堂教学不同，它的着重点不仅是传授知识，还需给学生提供将这些知识输出的机会。我们提倡教师建立以学生为主导的课堂教学环境，鼓励学生输出所吸收的语言知识，不断进行语言实践，从而真正达到语言习得。

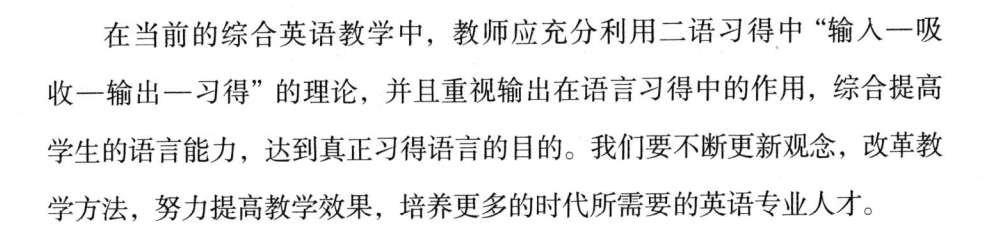

在当前的综合英语教学中，教师应充分利用二语习得中"输入—吸收—输出—习得"的理论，并且重视输出在语言习得中的作用，综合提高学生的语言能力，达到真正习得语言的目的。我们要不断更新观念，改革教学方法，努力提高教学效果，培养更多的时代所需要的英语专业人才。

七、英语综合课程开发的策略

(一) 从教学内容深入讨论综合英语课程教学改革

综合英语是高校的重要学科之一，负责向学生们讲授基础的语言知识，帮助学生掌握一些基本的实用的语言技能，引导学生培养适合自己的学习方法，在英语交际方面发挥重要作用。

就非英语环境而言，学生们接触英语基础阶段教学的机会大多为学校的课堂教学。这种情况下，学生需要在课堂结束后继续学习，通过反复的练习和实践来巩固基础，为后续的提高做好准备。

无论是文化发展还是时代进步，都会对教材内容产生直观的影响，即便教材内容非常经典，也不一定适用于现在的课程教学。因此，应该结合教育改革的理念和发展现状适当对教学教材的内容进行修改和调整，从而保证教材内容契合当前的教育模式和特点。以大一学生为例，应强调听说方面的练习和巩固；以大二学生为例，则需要重视读写训练。

以大二学生为例，教师可以尝试要求学生在课外时间阅读经典著作，完成以后再结合学生的语言能力适当增加阅读量。同时，要求学生在阅读名著以后书写简单的观后感或读书笔记，表达自己对作者中心思想的理解与认知，给出个人的见解和观点，最后由老师逐一解答。按照这种方式，学生就能在了解教学内容的同时探究文章背后的故事和情感，对于知识的学习和运用具有积极意义。

(二) 从教学设计角度深入讨论综合英语课程教学改革

就传统综合英语课堂教学模式而言，老师始终在课堂上占据主体地位，学生则扮演客体角色，教学模式过于被动，无法保证良好的教学成果。关于综合英语课程教学的改革应从体现学生主体地位出发，充分发挥教师的引导作用，始终以学生为主体开展课堂教学活动。综合英语教学内容的设计应体现一定的多样性，具体包含三个方面：

第一，秉承因材施教的教学原则，结合学生的个性和特点提出差异化的教学方案，选择针对性的教材和教育手段。也可以借助多媒体工具辅助教学。

第二，培养学生的自主学习能力，体现学生的主观能动性。就"现代高校英语"而言，教师需要根据不同单元的主题安排学生练习，以3~4名同学为一个独立的小组，分工明确。以环境保护为主题，安排某名同学讲解地球当前的生态环境情况，安排另一名同学指出环保的现实意义和作用，安排第三名同学从身边的小事出发阐述环保对于人类生活的重要性。完成上述操作以后，由师生进行讨论。

第三，随着英语教学模式的改革与创新，师生在课堂上的互动显得更加重要。老师应该对教材内容进行合理且充分的运用，鼓励学生进行分组讨论，表达自己的观点和看法。以"preview"和"speaking"为例，根据各自的特点选择适合的互动方式。该环节能够帮助教师了解学生掌握课程内容的程度，并对学生对知识的拓展应用情况进行考查，有助于学生思考能力和知识点记忆能力的培养与提升，对于学生综合语言能力的形成与进步具有重要意义。

(三) 从现代教学工具角度深入讨论综合英语课程教学改革

在信息科技快速发展的今天，越来越多的教学工具在教育领域得到广泛的应用，这些工具可以为英语教学提供有效的帮助和支持。多媒体设备在教育领域的推广和应用有助于现代教学内容的设计和课程模式的优化，也为英语教学手段的创新带来更多的可能性，具有重要的教学价值和现实意义。幻灯片可以把复杂的单词、释义和例句等生动地展现在学生眼前，对于课堂教学效率的提高具有积极意义，便于学生理解和记忆；电子白板或投影仪等设施能够向学生清晰地展示教学资料，重点讲解难点问题，留给学生更多的讨论时间；互联网资料能够让学生身临其境地感受真实的英语交际情境，通过课后练习巩固学习效果。总的来讲，教师需要对丰富的现代教学手段进行合理的运用，构建立体式的教学环境，体现英语自身具备的语言优势，为学生创造良好的学习环境和实践空间。

(四) 从教学成绩评定方式角度深入讨论综合英语课程教学改革

综合英语的教学成绩评定方式在当前教育背景下并不适用，应加快改革与创新的脚步。学生的平时成绩应包含课堂出勤率、课堂讨论参与表现、词汇听写测试、口头报告成绩以及阅读成绩等各个方面。

平时成绩的考核有助于教师了解学生各个方面的能力，与教学改革理念更加契合。

综合英语课程目标与内容的设计，应该摒弃传统的教学模式，通过改革与创新和时代发展保持一致。教学改革的方向应是从上而下、从内到外的综合性改革，包括教学内容的改革、教学设计的改革以及教学工具的更新等。只有这样，才能充分体现英语教学的全面性和时效性。

八、构建课程开发后实施的保障体系

课程体系的落实离不开前提条件的支撑，在社会快速发展的今天，课程实施对技术提出了新的要求。

首先，重视师资队伍的建设。教师对于课程实施的重要性不言而喻，假设师资团队并不具备通识教育理念和思想，势必阻碍高校英语综合课程开发与通识教育的深度融合。教师应该培养正确的通识教育理念，掌握丰富的理论知识和教育技能，借助先进的教育技术和手段推动通识教育与综合课程开发的交互与融合。

其次，借助先进的教育手段和现代化的实训设施为高校英语综合课程的实施提供硬件支持。无论是现代化的多功能语音室、先进的多媒体教室，还是互联网平台，都可以运用在英语课程设施中，给学生带来学习方面的便利，使其拓宽视野，发散思维，增强语言综合运用能力。

最后，就现有的管理制度进行健全与升级，满足高校英语综合课程实施的制度需求。强调学校办学、教学的核心宗旨，为课程实施提供保障；提高教学质量，对现有的监控管理制度体系进行完善与优化；倡导教师开发优质的课程，致力于教学方法的改革与创新。

结束语

在大学教学实践方面,二语习得理论的主要作用之一是为教学活动提供科学指引以及可靠支撑。在英语学习方面,对该理论的探索有着十分重要的意义,本书着重分析这一理论在教学方面的核心作用,以期能够在教学实践过程中加以有效地运用。同时,不断优化教学模式,激发学生的学习积极性与主动性,丰富英语教学的方式。

在大学英语课程教学方面贯彻渗透二语习得理论的决策主要为:

(一) 英语语言的输入应该是"学"与"习"的有机统一

当前,高等学校课堂仍旧是主要的教学场所,同时还是学生学习英语十分关键的途径,在教学活动中,授课教师需设计适宜的交流活动。在开展英语教学时,应以学生的现状和显著特征为依据,来明确输入的实际信息和能力,以此让学生取得良好的英语输入。教学活动既与学生的学具有紧密的关系,又与他们的习联系密切。在此过程中,英语教学不用特意输入英语语法相关内容,借助听说朗读的合理、强化练习也能由助于学生了解语法相关知识,该模式即通过学习这一方式获得相关知识内容。同时,在具体教学实践过程中,教师需以二语习得理论相关内容为立足点,借助相应的文化背景给予学生全面的英语文化知识,以此激发学生学习英语的热情与动力。

(二)在课余时间创设英语学习环境,弥补课堂的不足

从二语习得相关理论知识来看,学生凭借有效的互动获得文化知识的效率要比课堂这一模式的效率高一些。当前,在大学英语课程中,因时间的局限性,学生和授课教师的互动还存在一系列问题。因此,在课余时间,英语授课教师还应构建合理的情景,为学生创设宽松、有效、良好的语言交流环境和浓郁的互动学习氛围,从而丰富学习英语文化知识的渠道。

(三)利用二语习得理论对学生进行情感过滤

大学教师在英语课程教学实践中,不仅要重视学生学习文化知识的具体环境,还应全面细致地探索、研究英语相关文化内容输入时的情感因素。比如,在英语教学过程中,教师可适当通过学生的情感因素来输入学科知识内容。以教学导入为例,教师可借助趣味性强、有吸引力的导入模式,让英语教学环境更加和谐融洽。让学生置身于放松的课堂中,为学生创建良好的习得环境,有利于排解学生焦虑、紧张的不良情绪。从二语习得理论观点来看,教师过滤情感时应重视以下方面的内容:一方面,重视构建良好的学习环境,为学生打造轻松、和谐的课堂氛围;另一方面,授课教师还需强化观察学生,根据学生的具体行为与态度明确其内心情感,把握良好时机及时对学生开展情感过滤。

参考文献

[1] 王静. 当代高校隐喻融入英语教育教学实践与探索 [J]. 食品研究与开发, 2023, 44(01): 239-240.

[2] 张怡恬. 高校英语线上教学与线下教学的融合研究 [J]. 成才之路, 2022(36): 17-20.

[3] 崔艳杰. "双创"背景下的高校英语教学模式创新研究 [J]. 食品研究与开发, 2022, 43(24): 239-240.

[4] 孙川, 王素雅. 信息技术支持下的高校英语教学模式创新 [J]. 食品研究与开发, 2022, 43(24): 246.

[5] 陶媛媛. 基于VR技术的高校英语拟直播教学系统设计 [J]. 微型电脑应用, 2022, 38(12): 70-73.

[6] 宋湛文. 基于移动教学模式的高校英语写作教学策略研究 [J]. 重庆电子工程职业学院学报, 2022, 31(06): 75-80.

[7] 李宣颖. 高校大学英语第二课堂混合式学习模式构建研究 [J]. 黑龙江教师发展学院学报, 2022, 41(12): 135-137.

[8] 郝欣瑶. 二语习得理论视角下智能英语学习软件开发研究 [J]. 办公自动化, 2022, 27(24): 56-58+9.

[9] 夏云. 基于CDIO理念的高校英语教学改革研究 [J]. 吉林农业科技学院学报, 2022, 31(06): 103-106.

[10] 张琳. "互联网+"时代高校英语翻译教学改革探析 [J]. 吉林农业

科技学院学报，2022，31(06)：86-89.

[11] 禾婧.高校英语教学中培养学生自主学习能力研究[J].淮南职业技术学院学报，2022，22(06)：51-53.

[12] 徐宏亮，王慧敏，韦青婷.课堂二语习得中教师个体特征的研究热点、问题与建议[J].滁州学院学报，2022，24(06)：114-119.

[13] 木合买提·瓦哈甫.高校英语课堂教学中的小组合作方式分析[J].英语广场，2022(35)：84-87.

[14] 王秀芳，蔡其伦.多维互动教学模式在高校英语教学中的应用研究[J].辽宁科技学院学报，2022，24(06)：68-70.

[15] 刘博.混合式学习理论在高校英语一体化教学中的应用[J].英语广场，2022(35)：107-110.

[16] 陈雪贞.高校英语教学"四美合一"美育体系建构[J].中国大学教学，2022(12)：54-59+53.

[17] 刘沁心.生态语言学背景下高校英语语言学教学优化措施分析[J].创新创业理论研究与实践，2022，5(23)：39-41.

[18] 佟显峰.形成性评价在高校英语教学中的应用研究[J].教育教学论坛，2022(49)：102-105.

[19] 文涵.高校师范英语教学法课互动教学模式研究[J].校园英语，2022(49)：46-48.

[20] 罗蕾，李芹.高校英语双线联动教学模式的内涵、目标与实施策略[J].齐鲁师范学院学报，2022，37(06)：67-72.

[21] 韩玲.高校英语专业混合式教学模式构建研究[J].英语广场，2022(34)：75-78.

[22] 尹赛赛.分层教学模式在英语写作教学中的应用[J].中学生英语，2022(42)：49-50.

[23] 张建军.二语习得视角下的大学英语课堂教学模式[J].英语广场，2022(31)：76-79.D

[24] 陈杰平.中西茶文化差异背景下公共英语分层教学策略研究[J].福建茶叶，2022，44(11)：138-140.

[25] 张俊，龙在波.二语习得技能习得理论研究述评[J].英语广场，2022(30)：19-23.

[26] 海月.二语习得理论在高校英语听力教学中的应用研究[J].校园英语，2022(21)：34-36.

[27] 卯丹.积极心理学视域下国内二语习得研究[J].海外英语，2022(07)：63-65.

[28] 刘友春.基于二语习得理论的网络环境下大学英语教学研究[J].海外英语，2022(19)：103-104.

[29] 张建军.二语习得理论在大学英语教学中的应用研究[J].海外英语，2022(19)：117-119.

[30] 孟宇.社会语言学变异理论视角下的二语习得研究[J].语言政策与语言教育，2021(01)：80-89+118.

[31] 张玉红.基于二语习得理论的大学英语学习策略研究[J].江西电力职业技术学院学报，2022，35(09)：148-150.

[32] 颜萌迪.基于二语习得对话理论的大学英语写作教学模式构建研究[J].校园英语，2022(36)：46-48.

[33] 甘丽莎，廖立夏.关于一语在二语习得中作用的理论研究及启示[J].教育教学论坛，2022(35)：53-56.

[34] 刘旭阳，郭晓英，苏俊安.二语习得策略性准备研究综述[J].黑河学院学报，2022，13(08)：103-106.

[35] 解芳，葛璋怡.二语习得中的社会认同理论述评[J].英语广场，

2022(24): 20-23.

[36] 杨永芳, 兰希. 二语习得视角下英语网络课程教学临场感构建策略[J]. 广西广播电视大学学报, 2022, 33(04): 28-34.

[37] 秦艳. 二语习得视角下英语口译教学改革路径探究[J]. 英语教师, 2022, 22(13): 12-14+20.

[38] 孟江虹, 侯彩静, 王文庆. 二语习得中的"文化自信"现状研究[J]. 语言与文化研究, 2022(01): 190-196.

[39] 游忆. 二语习得角度下口译文本分析[J]. 人生与伴侣, 2022(23): 33-35.

[40] 刘艳娥. 碎片化时代大学英语深度教学研究[J]. 吉林省教育学院学报, 2023, 39(01): 58-64.

[41] 张玲, 赵薇. 基于人文英语教育理念的大学英语教学[J]. 海外英语, 2022(24): 147-149.

[42] 朱睿. 独立学院高校英语分层教学现状分析及改进[J]. 海外英语, 2013(9): 86.

[43] 吴进. 国内高校"分层教学"实践研究综述[J]. 中国市场, 2015(32): 191-193.

[44] 陈君. 高校"分层教学"研究综述[J]. 成人教育, 2014, 34(8): 73-74.

[45] 果笑非. 基于信息技术的高校英语动态分层教学模式研究[J]. 外语电化教学, 2013(6): 71-75.

[46] 叶盛. 高校英语课堂教学有效策略研究[D]. 上海: 复旦大学, 2013: 12.

[47] 索格飞, 迟若冰. 基于慕课的混合式跨文化外语教学研究[J]. 外语界, 2018(03): 89-96.